ENSINAR HISTÓRIA NO SÉCULO XXI:

EM BUSCA DO TEMPO ENTENDIDO

COLEÇÃO
MAGISTÉRIO: FORMAÇÃO E TRABALHO PEDAGÓGICO

Esta coleção que ora apresentamos visa reunir o melhor do pensamento teórico e crítico sobre a formação do educador e sobre seu trabalho, expondo, por meio da diversidade de experiências dos autores que dela participam, um leque de questões de grande relevância para o debate nacional sobre a Educação.

Trabalhando com duas vertentes básicas – magistério/formação profissional e magistério/trabalho pedagógico –, os vários autores enfocam diferentes ângulos da problemática educacional, tais como: a orientação na pré-escola, a educação básica: currículo e ensino, a escola no meio rural, a prática pedagógica e o cotidiano escolar, o estágio supervisionado, a didática do ensino superior etc.

Esperamos assim contribuir para a reflexão dos profissionais da área de educação e do público leitor em geral, visto que nesse campo o questionamento é o primeiro passo na direção da melhoria da qualidade do ensino, o que afeta todos nós e o país.

Ilma Passos Alencastro Veiga
Coordenadora

MARCOS SILVA
SELVA GUIMARÃES

ENSINAR HISTÓRIA NO SÉCULO XXI:

EM BUSCA DO TEMPO ENTENDIDO

PAPIRUS EDITORA

Capa	Vande Gomide
Foto de capa	Rennato Testa
Coordenação	Beatriz Marchesini
Copidesque	Mônica Saddy Martins
Diagramação	DPG Editora
Revisão	Ana Carolina Freitas, Caroline N. Vieira e Pamela Andrade

---

Dados Internacionais de Catalogação na Publicação (CIP)
(Câmara Brasileira do Livro, SP, Brasil)

Silva, Marcos
  Ensinar história no século XXI: Em busca do tempo entendido/ Marcos Silva; Selva Guimarães. – 4ª ed. – Campinas, SP: Papirus, 2012. – (Coleção Magistério: Formação e Trabalho Pedagógico)

Bibliografia.
ISBN 978-85-308-0851-8

1. História – Estudo e ensino 2. Professores – Formação profissional 3. Professores de história 4. Sala de aula – Direção I. Guimarães, Selva. II. Título. III. Série.

12-12158   CDD-907

Índice para catálogo sistemático:
1. História: Ensino   907

4ª Edição – 2012
8ª Reimpressão – 2022
Livro impresso sob demanda – 120 exemplares

Exceto no caso de citações, a grafia deste livro está atualizada segundo o Acordo Ortográfico da Língua Portuguesa adotado no Brasil a partir de 2009.	Proibida a reprodução total ou parcial da obra de acordo com a lei 9.610/98. Editora afiliada à Associação Brasileira dos Direitos Reprográficos (ABDR). DIREITOS RESERVADOS PARA A LÍNGUA PORTUGUESA: © M.R. Cornacchia Editora Ltda. – Papirus Editora R. Barata Ribeiro, 79, sala 316 – CEP 13023-030 – Vila Itapura Fone: (19) 3790-1300 – Campinas – São Paulo – Brasil E-mail: editora@papirus.com.br – www.papirus.com.br

SUMÁRIO

INTRODUÇÃO 7

1. ENTRE A FORMAÇÃO BÁSICA E A PESQUISA ACADÊMICA 13

2. TUDO É HISTÓRIA: O QUE ENSINAR NO MUNDO
   MULTICULTURAL? 43

3. MATERIALIDADES DA EXPERIÊNCIA E MATERIAIS
   DE ENSINO E APRENDIZAGEM 65

4. IMAGINÁRIOS E REPRESENTAÇÕES NO ENSINO
   DE HISTÓRIA 89

5. A SALA DE AULA E O ESPAÇO VIRTUAL 109

6. CONCLUSÕES E PERSPECTIVAS 125

REFERÊNCIAS BIBLIOGRÁFICAS 131

BIBLIOGRAFIA DE APOIO 141

INTRODUÇÃO

> *A toda hora rola uma história*
> *que é preciso estar atento.*
> Paulinho da Viola, "Rumo dos ventos"

Ensinar história no século XXI: o que muda a partir de agora e o que permanece dos fazeres de antes?

A chegada de um novo século não produz, automaticamente, alterações nas atividades humanas. Serve, entretanto, como referência simbólica para que se façam balanços sobre diferentes áreas, pensando em seu estado atual e nas tendências que se configuram para sua existência. É nesse sentido que falaremos sobre o ensino de história no século XXI, pensando sobre novas necessidades e possibilidades de conhecimento, sem perder de vista o que se conquistou na área ao longo das últimas décadas e merece ser preservado. Esse conjunto abriga propostas diversificadas e, por vezes, divergentes, que exigem o exercício da escolha por professores e alunos. Não se trata, portanto, de um elenco indiferente ao teor dos vários encaminhamentos.

O ensino de história foi largamente discutido no Brasil no contexto de críticas à política educacional da ditadura civil e militar (1964/1985), o que incluía refletir sobre o estado do conhecimento histórico e do debate pedagógico, bem como combater a disciplina "estudos sociais" (mistura confusa de história, geografia, organização social e política do Brasil e educação moral e cívica, sob o signo da ideologia), defendida por outros profissionais de história e geografia, responsáveis por sua implantação em diferentes estados e pela elaboração de livros didáticos amplamente difundidos.

Tais debates sofreram inflexões profundas com o fim daquela experiência política, o que não significa ausência de problemas políticos e sociais a serem considerados nesses campos de ensino desde então, juntamente com questões educacionais mais amplas e os novos horizontes da pesquisa histórica.

Uma tendência que se fortaleceu, a partir daquela mudança, foi o crescimento da presença empresarial (editoras e escolas privadas) na cena do debate sobre o assunto, com o simultâneo recuo de sindicatos e outras entidades associativas, situação ligada à fadiga do debate político que marcou a passagem do século XX para o seguinte. Ao mesmo tempo, começou-se a valorizar cada vez mais a cultura escolar, quer dizer, o conjunto de saberes elaborado ao redor da própria prática do ensino. Essa é uma conquista importante, porque lembra que ensinar não é apenas repetir conquistas eruditas elaboradas noutros espaços (universidades, museus etc.). É preciso cuidado, todavia, para não se cair no extremo oposto: supor que a cultura escolar seja um fenômeno isolado, de natureza quase "étnica", como um sistema de mitos, uma língua ou as relações de parentesco nas sociedades tribais. A cultura escolar, dotada de especificidades, mantém laços permanentes com outros espaços culturais, desde a formação dos professores (universidade), passando pela produção erudita com que esses profissionais tiveram e continuam a ter contato (artigos, livros) e pela divulgação de saberes (livros didáticos, cursos, exposições, simpósios) elaborados naqueles mesmos espaços.

O presente volume procura dar conta do estado atual de tais discussões, pensando-as em sua multiplicidade. Não pressupomos um ensino único nem um conhecimento histórico exclusivo. Muitas problematizações são elaboradas sobre ensino e história por diferentes profissionais e em diferentes instituições, procurando responder aos impasses do campo de nossa análise. Queremos dar conta de algumas dessas respostas, colocando-as em confronto, tendo em vista a elaboração de novas reflexões sobre o tema e a definição pelo professor de seus próprios projetos. O confronto não visa eliminar nenhuma concepção de ensino ou de história: as diferenças próprias a um campo de conhecimento fertilizam o nascimento de novos saberes.

Este livro pretende evocar novos e velhos temas e problemáticas, percursos e documentos, sugestões curriculares e espaços de pesquisa em história. Programas de pós-graduação, políticas públicas, propostas empresariais, movimentos sociais e experiências práticas de ensino e pesquisa que se referem ao nosso campo de trabalho não são agentes mágicos. Sempre nos referiremos aos seres humanos concretos, que pensam, agem, transformam, mantêm, acertam, erram... como nós!

Pensar criticamente sobre a multiplicidade das abordagens teóricas, técnicas e políticas dedicadas ao ensino de história, portanto, é uma de nossas principais metas. O conflito entre interpretações será encarado como uma riqueza do debate própria ao espaço público, oposta ao "vale-tudo" e ao "vale somente uma coisa", autocentrados, que encaramos como esvaziamentos da reflexão.

Os capítulos que compõem este volume são:

1. "Entre a formação básica e a pesquisa acadêmica" – Reflete a respeito da formação do profissional de história e de seu trabalho com a escola básica, fundamental e média, relacionando-o às atividades acadêmicas (graduação e pós-graduação) de ensino e pesquisa, defendendo a legitimidade de horizontes de pesquisa em diferentes graus de ensino e aprendizagem.
2. "Tudo é história: O que ensinar no mundo multicultural?" – Debate critérios organizativos de currículos em relação a um conhecimento histórico que, ao menos desde meados do século XX – para não falar dos pioneiros do século XIX e do início do século seguinte –, assumiu todas as atividades humanas como dignas de atenção analítica. Defende, nesse universo infinito, a necessidade de priorizar alguns temas, agentes e materiais, de acordo com o

projeto de conhecimento, ensino e aprendizagem que for definido pelo professor, em diálogo com alunos, pais, comunidade etc.

3. "Materialidades da experiência e materiais de ensino e aprendizagem" – Analisa a problemática da cultura material (pensar a história com base em corpos humanos e objetos de uso material cotidiano) como referência de estudo (documentação) e também como suporte do aprendizado (produção de textos, reflexão sobre textos, painéis, vídeos, discos, objetos tridimensionais, ambientes etc.), no contexto do ensino e da aprendizagem de história. Destaca a importância do museu nesse universo de saber.

4. "Imaginários e representações no ensino de história" – Estuda os imaginários e as representações na condição de experiências sociais, dotadas de densidade própria, que não se opõem ao real, uma vez que existem socialmente como práticas humanas muito ativas. Enfatiza o peso de fabulações, mitos e ficções nas relações sociais. Comenta o documentário cinematográfico *Cabra marcado para morrer*, de Eduardo Coutinho, e o poema "Morte e vida severina", de João Cabral de Mello Neto, como exemplos dessas potencialidades de imaginários e representações no ensino de história.

5. "A sala de aula e o espaço virtual" – Discute como a presença dos computadores pessoais e o acesso ampliado à internet no cotidiano de crescentes parcelas da população, na escola e fora dela, modificaram o processo de ensino e aprendizagem, sem que isso significasse perda de importância para a sala de aula e para o convívio entre alunos e professores, utilizando exemplos específicos de história.

6. As "Conclusões e perspectivas" fazem um balanço geral desse percurso, procurando lançar pontes para outros debates.

Este livro se encara como um instrumento de trabalho e uma referência para discussão, dentre outros instrumentos e referências, e não como resposta final. Ou, para citar uma canção de 1971: "*I'm part of the problem, I'm not the solution*", quer dizer, "sou parte do problema, não sou a solução" (Gilberto Gil e Jorge Mautner, *Crazy pop rock*, faixa 8, na versão em CD).

Também queremos encontrar soluções, mas elas serão definidas em cada situação específica de ensino, aprendizagem e pesquisa, por vocês, por nós, por todos os interessados na história como campo de trabalho e pensamento. E em diálogo, porque ninguém só ensina aos outros nem aprende sozinho, como já lembrava Paulo Freire em *Pedagogia do oprimido* (Rio de Janeiro: Paz e Terra, 1970).

Ensinar história no século XXI espera contribuir para essas buscas.

1
ENTRE A FORMAÇÃO BÁSICA E A PESQUISA ACADÊMICA

> *Mestre não é quem ensina, mas quem de repente aprende.*
> *Por que é que todos não se reúnem, para sofrer e vencer*
> *juntos, de uma vez?*
> Guimarães Rosa, *Grande sertão: Veredas*

Como provoca Guimarães Rosa, acreditamos que, para vencer juntos, devemos nos reunir, pensar, dialogar, aprender juntos. O objetivo deste texto é refletir a respeito da formação do profissional de história e de seu trabalho na educação básica, no ensino fundamental e médio, relacionando-os às atividades acadêmicas (graduação e pós-graduação) de ensino e pesquisa, e defender a legitimidade de horizontes de pesquisa em diferentes níveis de ensino e aprendizagem.

Segundo Bhabha (2005, p. 19):

> Nossa existência hoje é marcada por uma tenebrosa sensação de sobrevivência, de viver nas fronteiras do "presente". (...) Encontramo-nos no momento de trânsito em que espaço e tempo se cruzam para produzir figuras complexas de diferença e identidade, passado e presente, interior e exterior, inclusão e exclusão.

Compartilhamos com o autor a noção de que vivemos a emergência de interstícios, sobreposições, deslocamentos, e daí a questão: "Como se formam sujeitos nos 'entre-lugares', nos excedentes das partes da diferença?" (*ibid.*, p. 20).

Assim, ao defendermos no ensino de história – reconhecidamente um lugar de fronteira – a relação ensino-pesquisa, não estamos pensando apenas na pesquisa *sobre* e *na* formação docente, mas, sobretudo, nas relações *entre* a formação e a pesquisa. A nossa opção é caminhar na interseção, dialogando com os dois campos: história e educação. A formação será discutida, aqui, intimamente relacionada ao conceito de profissionalização, que envolve, dentre outros aspectos: condições de trabalho, carreira regulamentada e formação. Pretendemos refletir sobre o tema formação, focalizando algumas dimensões e alguns lugares do problema: as lutas do movimento docente e as relações entre formação, profissionalização e pesquisa como constitutivos da identidade do professor de história. Logo, inspirados em Bhabha, ousaremos pensar a formação docente nos "entre-lugares", articulando passado e presente, nas fronteiras da experiência com o ensino e a pesquisa.

"Educador = Trabalhador": Uma história de lutas e mudanças

Para iniciar nossa reflexão, voltaremos ao passado, recuperando um texto de 1980, um registro histórico das lutas dos professores brasileiros, publicado pela revista *Educação e Sociedade*, cujo tema é "Educador = Trabalhador". A revista traz artigos de vários educadores brasileiros e inaugura uma seção dedicada ao "Movimento dos trabalhadores em educação". Trata-se de uma seção para o registro das lutas, dos movimentos grevistas nos vários estados, das manifestações políticas das associações sindicais e científicas.

Na abertura da seção, temos (*Educação e Sociedade* 1980, p. 132):

> A educação brasileira está, atualmente, vivendo um movimento histórico significativo na sua evolução. Os educadores mais conseqüentes procuram analisar e encontrar formas alternativas

para sairmos do autoritarismo em que vivemos durante esses últimos 15 anos, quando fomos cerceados no direito de expressão e de organização. No conjunto dos movimentos sociais que vêm sendo desenvolvidos no país na luta por uma real democratização econômica, social e política, os educadores ocupam um papel importante, articulando movimentos organizatórios em todo país em diferentes níveis de ensino. Os educadores tomam consciência de que a luta pela democratização da sociedade brasileira exige que sejam aprofundadas, com maior clareza, a questão organizatória e a busca de uma perspectiva sindical, pensada cada vez mais como uma questão política. Sabendo que a democracia precisa ser conquistada e procurando vencer as dificuldades ainda impostas pela repressão, os educadores reúnem-se, tomam posições, discursam, escrevem, pesquisam e procuram conquistar seu espaço como trabalhadores, tentando redefinir desde sua condição de trabalho até sua relação com os diferentes setores da sociedade. A ética autoritária refletida diretamente na sua unidade de trabalho, acarretando relações de pressões e tensões sociais, não foi suficiente para amortecer seu posicionamento em face de sua prática política. Os movimentos grevistas de 1978 e 1979, refletindo o nível de organização das entidades existentes, conseguiram significativa mobilização das bases e vitórias importantes no sentido do avanço da organização da categoria nos diferentes níveis de ensino. Acreditamos que, depois dessas greves, os educadores, reunidos em suas entidades e repensando a sua prática, colocam mais claramente suas reivindicações numa perspectiva política e avançam em suas análises sobre a questão organizatória. O avanço da organização baseado em uma maior representatividade das bases foi um saldo relevante do movimento grevista e este fato fortaleceu as entidades representativas existentes. Existe hoje, entre os educadores, uma consciência mais profunda de que devem fortalecer as associações como órgãos de luta no exercício mais efetivo de uma prática democrática.

Podemos indagar: O que mudou? O que permaneceu? Rupturas? Continuidades?

Ao reler esse texto sobre a conjuntura de 1980, após 27 anos, questionamos: Quais papéis representaram e representam as entidades sindicais na formação e na profissionalização docentes? Nos movimentos sociais? Na defesa da educação pública no Brasil? Quais as mudanças mais significativas que ocorreram nos processos de formação inicial e continuada? Como as relações entre ensino e pesquisa se processam na formação e no trabalho do professor de história, especificamente?

Várias pesquisas acadêmicas, dissertações, teses, como por exemplo o balanço realizado por Caimi (2001), e o próprio movimento social têm se debruçado sobre essas questões, buscando refletir acerca de transformações, caminhos, dificuldades e possibilidades.

Não sendo possível, neste espaço, dialogar sobre todas essas questões, destacaremos alguns aspectos históricos que marcaram as lutas, os movimentos e, por conseguinte, os processos de formação e profissionalização dos professores de história.

Dos intensos anos 1980, nas lutas pela redemocratização do Brasil, é importante relembrar a participação do movimento docente, notadamente de professores e alunos de história, na mobilização da sociedade durante o processo constituinte, em defesa da educação pública, da democracia, da cidadania, contra as injustiças e desigualdades. A mobilização nacional culminou em uma conquista histórica, expressa na Constituição Federal de 1988, de modo especial no capítulo II, título II "Dos direitos sociais" e nos princípios e leis estabelecidos, de modo específico, no título VIII, capítulo III "Da educação, cultura e desporto", na seção I, "Da educação".

Destacamos a importância indiscutível das leis estabelecidas no artigo 206, item IV, que prevê, dentre outros, o direito à "gratuidade do ensino público em estabelecimentos oficiais".

O item V estabelece a

> valorização dos profissionais do ensino, garantindo, na forma da lei, planos de carreira para o magistério público, com piso salarial profissional e ingresso exclusivamente por concurso público de provas e títulos, assegurado regime jurídico único para todas as instituições mantidas pela união.

Além dessas definições, relembramos a importância do artigo 212 para a educação nacional, quando estabelece:

A união aplicará, anualmente, nunca menos de 18% e os Estados, o Distrito Federal e os municípios aplicarão no mínimo 25% da receita resultante de impostos, compreendida a proveniente de transferências, na manutenção e desenvolvimento do ensino.

O Estado brasileiro foi obrigado, a partir de então, a legalmente aplicar esse percentual de recursos públicos na área educacional. Isso teve impacto em diferentes aspectos da realidade escolar, tais como a ampliação do acesso à educação básica (infantil e fundamental) em todo o Brasil, a ampliação da rede física, as políticas públicas de livro didático, merenda e transporte escolar, os planos de carreira etc.

É necessário salientar também as lutas do movimento docente no fórum em defesa da escola pública, durante o processo de elaboração da nova Lei de Diretrizes e Bases da Educação Nacional (LDBEN) e nos demais espaços de lutas sociais e científicas no decorrer dos anos 1980 e 1990. Os professores de história, como em outros momentos da história do país, fizeram-se presentes.

No contexto de globalização da década de 1990, as reformas educacionais, ancoradas no ideário neoliberal conservador, produziram mudanças na formação e no trabalho docente. Por um lado, ocorreu um processo de descentralização das funções, de privatização e de ação do Estado subordinada à prioridade da geração de *superavit* primário em detrimento dos investimentos em políticas públicas e sociais. Por outro, houve a centralização das diretrizes, do planejamento e da avaliação. Exemplos disso são o texto da nova LDBEN (Lei n. 9.394/96), a elaboração e a implantação dos currículos nacionais (Diretrizes e Parâmetros Curriculares Nacionais) e das avaliações nacionais (Provão, Enem, Saeb, Prova Brasil e outras). Ocorreu, paulatinamente, um aprofundamento das ambiguidades do trabalho docente, das contradições do desenvolvimento profissional dos professores.

O embate entre proletarização e profissionalização docente foi acentuado no país, como demonstrou o professor espanhol Mariano Enguita acerca da realidade europeia, em texto publicado no Brasil em 1991. De um lado, cresceu a proletarização, ou seja, a categoria dos docentes passou a compartilhar traços próprios dos grupos profissionais com características da classe operária, configuradas, por exemplo, no crescimento numérico de professores; na expansão do número de empresas de ensino privado; no acentuado corte de gastos do Estado, notadamente no pagamento de pessoal; na lógica de controle da gestão escolar; na precarização das condições de trabalho. Por outro, nesse período, desenvolveram-se vários fatores que atuam e incrementam as lutas contra essa tendência de proletarização, reforçando as características da profissionalização, tais como:

- A natureza específica do trabalho docente, que não se presta facilmente à padronização, à fragmentação das tarefas nem à substituição da atividade humana pelas tecnologias de ensino. A autonomia docente foi preservada e defendida no interior dos espaços de trabalho, nos movimentos e nas lutas docentes.

- A formação inicial docente em nível superior: a "universitarização" da formação iguala a formação do professor às profissões liberais. As exigências das políticas de formação continuada em nível superior também reforçam essa tendência. A LDBEN, de 1996, assegura formalmente, no título VI, nos artigos de 61 a 67, os direitos à formação inicial e continuada e à valorização dos profissionais da educação.

- A distinção qualitativa da educação oferecida pelo setor público em relação ao setor privado. No Brasil, vários indicadores revelam a superioridade qualitativa do setor privado na educação básica e do setor público na educação superior. Tal distinção tem impacto na formação e na prática docente, pois grande parte dos professores brasileiros que atuam nas escolas públicas é formada em cursos de licenciatura da rede privada de educação superior, nos quais a prática da pesquisa científica é inexistente ou incipiente.

- As lutas sindicais e acadêmicas em torno do tripé carreira docente, condições de trabalho, formação inicial e continuada. Esse tripé se configura como condição de melhoria da qualidade da educação no país e passa a ser parte da agenda dos movimentos sociais e dos formuladores das políticas públicas.

Assim, nos anos 1980 e 1990, a categoria docente moveu-se entre os dois polos: proletarização e profissionalização. A reivindicação do reconhecimento do profissionalismo passou a ser entendida como expressão da resistência à proletarização. No final da década de 1970 e início da de 1980, as lutas indicavam seu caráter de classe, a identificação da função produtiva dos profissionais da educação como "trabalhadores do ensino". O próprio nome do sindicato dos trabalhadores da educação do estado de Minas Gerais, fundado em 1980 (UTE), é expressão desse movimento. Na atualidade, como mostram os estudiosos da área (Enguita 1991, Contreras 2002), não só no Brasil, as lutas apontam fundamentalmente para a defesa do profissionalismo, da autonomia docente, da dignificação da profissão, da carreira docente. Concordando com Enguita, "numa palavra, antes se reivindicava a identidade com o resto dos trabalhadores, agora se trata de sublinhar e reforçar a diferença" (1991, p. 51).

A unidade e a diversidade passam a ser partes das lutas como dimensões do mesmo processo. As questões de classe mesclam-se às de gênero, etnia, orientação sexual, geração, religião, local geossocial (meio urbano, meio rural, comunidades de sem-terra, comunidades indígenas, ribeirinhas, quilombolas), às políticas e institucionais, entre outras.

As lutas do movimento docente, em diferentes épocas, marcam os processos formativos, revelam dimensões das lutas pela sobrevivência e dos embates políticos vividos no cotidiano. Os relatos de situações partilhadas, dificuldades, tristezas e alegrias demonstram como determinadas experiências, por exemplo, o caso da militância política, são potencializadoras do desenvolvimento pessoal e profissional de cada um dos sujeitos. Na história contemporânea do Brasil, podemos relembrar como a ditadura militar, as resistências políticas de vários setores, as lutas do processo de redemocratização, o movimento "Diretas já", o *impeachment* do presidente Collor, as lutas do movimento sindical docente a partir dos anos 1970, o movimento estudantil e o movimento feminista marcaram de forma intensa e diferente a formação de grande número de educadores, particularmente dos professores de história. O "eu" e o "nós", o individual e o coletivo imbricam-se no processo de formação das identidades. A militância, o ser militante é dimensão constitutiva do ser professor, como demonstra a pesquisa de Lira Brasileiro (Vasconcelos 2000, pp. 137-149).

Segundo Goodson (2000, p. 75), a análise dessa dimensão nos permite ver o indivíduo-docente

> em relação à história de seu tempo, permitindo-lhe encarar a interseção da história da vida com a história da sociedade, esclarecendo assim, as escolhas, as contingências e opções com que se depara o indivíduo.

O relato a seguir, de uma professora de história, exemplifica e amplia nosso olhar sobre essa relação:

> Dadas as minhas convicções políticas, sempre encarei o fato de ser professora como uma grande chance, uma oportunidade ímpar para discutir as questões da construção da cidadania, da democracia, da formação da consciência política. Que outro profissional tem tantas chances? Iniciei minha carreira nos anos 1960, quando o país se preparava para mudanças que, abortadas em 1964, trouxeram ainda maiores razões e motivos para se acreditar na necessidade da luta política. A longa ditadura, as mudanças curriculares e os efeitos disso na juventude foram impondo uma desesperança que acho que o professor não pode ter. Sem acreditar no futuro e nas possibilidades de construí-lo, não dá para permanecer em sala de aula. (Guimarães 2003, p. 67)

Esse relato nos remete ao papel da luta política na formação e na prática do professor. O desafio, a desesperança, a crença no futuro, a conscientização sobre a democracia e a cidadania aparecem como importantes categorias formativas da identidade do profissional docente. As narrativas de docentes de história revelam o sentido que cada um atribui a sua própria vida profissional, como cada um se vê, as imagens construídas ao longo do viver e tornar-se profissional. Revelam uma mescla dinâmica de gostos, opções, de acasos que consolidam concepções, de atitudes que identificam a maneira própria de ser de cada docente. Portanto, nos percursos formativos da identidade docente, entrecruzam-se diversos caminhos, saberes são compartilhados, complexas relações se estabelecem no processo vivo, dinâmico e ativo de tornar-se professor.

Formação e profissionalização docente

Pensar a problemática da formação docente significa refletir de maneira articulada sobre a defesa da profissionalização. São processos que se complementam, se somam, muitas vezes se sobrepõem, num movimento permanente.

Segundo Gil Villa (1998, p. 30), ao analisar a situação do professor, em face das mudanças culturais e sociais, é possível identificar três tendências:

> A dessacralização da ciência e da cultura, a introdução das novas tecnologias e o enfraquecimento dos papéis sociais tradicionais (....). Cada um desses três processos centra seu ataque em alguma das funções nas quais a figura do professor se apoiava. A primeira, a mais antiga, destrói a identificação do professor como homem do conhecimento. Isso faz com que o sentido do trabalho docente vá se distanciando, paulatinamente, da confiança no conhecimento que possui e até na destreza de sua transmissão. Então, entra em disputa com as novas tecnologias, muito mais gratificantes e eficazes.

Sobre as mudanças dos papéis sociais tradicionais, o autor enfatiza que

> essa função é atacada na atualidade em virtude de os papéis sociais serem orientadores de comportamentos cada vez mais frágeis, abertos e instáveis, quando a tolerância social em relação aos desvios de comportamentos esperados é maior, quando a evolução cultural permite e ainda exige das pessoas que não só sejam criativas em seus papéis sociais, mas que adotem a maior quantidade possível deles, que os "provem" – como em um gigantesco *role-playing* – para enriquecer nossa personalidade. (*Ibid.*, p. 31)

Esteve (1991, p. 101) nos lembra que se desfez o consenso social sobre a educação:

Por um lado, vivemos numa sociedade pluralista, em que grupos sociais distintos, com potentes meios de comunicação a seu serviço, defendem modelos de educação opostos, em que se dá prioridade a valores diferentes, e até contraditórios; por outro lado, a aceitação na educação da diversidade própria da sociedade multicultural e multilíngue obriga-nos a modificar os materiais didáticos e a diversificar os programas de ensino.

Esse conjunto de "circunstâncias heterogêneas", como define Gil Villa, e "a passagem de um sistema de ensino de elite para um sistema de massas", como destaca Esteve, exigem uma reflexão profunda sobre a formação dos professores. De modo particular, enfatizamos o papel da formação dos profissionais da área de história, cujo objeto de trabalho docente é a formação da consciência histórica de crianças e jovens que, no Brasil, experienciam uma realidade marcada por múltiplas diferenças culturais e enormes desigualdades sociais e econômicas.

Segundo a literatura sobre formação docente (Contreras 2002, Alarcão 1996, Zeichner 1992 e 1993, Nóvoa 1992 e 1995, Hargreaves 1999, Tardif e Lessard 2005, Libâneo 2002, Pimenta 1999) e a formação dos professores de história (Lautier 1997, Guimarães 1997 e 2003), os processos de formação inicial e continuada devem reconhecer a heterogeneidade, a diversificação, as diferenças dos professores e dos alunos no mundo globalizado e multicultural. Na atualidade, já não é possível mascarar as distinções, por exemplo, de trabalho, o grau de autonomia, a produtividade dos professores, as diferenciações em termos de salários, geração, formação, gênero, religião, etnia e condições de trabalho.

Tedesco (1999, pp. 15-40), ao analisar o diagnóstico e as discussões travadas na Conferência Internacional de Educação, realizada em 1996, apresenta uma visão sobre o papel dos docentes num contexto internacional de enorme complexidade e heterogeneidade. Compartilhamos das ideias desse autor sobre alguns aspectos e destacamos outros, recorrentes na realidade educacional brasileira:

- A massificação quantitativa e a expansão do número de docentes tornaram as lutas dos professores e suas demandas cada vez mais complexas nas diferentes regiões do país, nos diversos níveis e sistemas educacionais.

- O magistério como um trabalho feminino: os dados já revelavam que a maioria dos professores na educação infantil e no ensino fundamental era composta de mulheres, o que passa a ser também, de forma crescente, uma realidade no magistério superior. Segundo dados do CNPq, cresceu no Brasil a participação das mulheres na pesquisa científica nos últimos cinco anos. Dentre os bolsistas de iniciação científica, as mulheres predominam, representando 56% do total, o que significa um crescimento de 17%. No mestrado, 52% do total de bolsas são concedidas às mulheres. No doutorado, houve um aumento de 17%, igualando-se à participação masculina. Isso produz impactos significativos nas relações de trabalho no interior dos espaços educativos, na produção do conhecimento e no mercado de trabalho em geral (dados provenientes de www.cnpq.br, acesso em 13/3/2007).

- Há um progressivo esgotamento dos discursos tradicionais sobre os docentes. De um lado, o discurso baseado na importância do professor para a sociedade. De outro, o discurso do professor como vítima do sistema, "pobre coitado", desvalorizado, culpado pelos males e fracassos do sistema educacional brasileiro. Apesar do estresse, do "mal-estar docente", dos problemas de valorização e autoestima que atingem os professores brasileiros, no caso dos professores de história, já não se sustentam os discursos que os identificam e estereotipam como "sacerdotes", "guerrilheiros" ou "militantes" (Pacievitch 2007). Suas identidades são fluidas e cambiantes. A militância é uma das dimensões constitutivas da identidade.

- A escolha da profissão docente. Várias questões têm sido investigadas atualmente. Quem escolhe a carreira docente, particularmente para atuar na educação infantil, no ensino fundamental e médio? Quais fatores intervêm nessa escolha? As pesquisas indicam que a carreira docente é vista, pela maioria dos jovens, como transitória, desvalorizada, por isso, não atrai os mais talentosos (Tedesco 1999, p. 22). O perfil universitário dos jovens que cursam licenciaturas no Brasil revela os múltiplos determinantes da escolha, dentre eles as condições socioeconômicas e culturais das famílias. No caso da escolha do curso de história, destaca-se também a influência de professores de história marcantes, no ensino fundamental e médio (Silva Júnior, 2007).

- Sobre a formação inicial: um dos problemas mais significativos apontado pelas pesquisas é a separação, a distância entre a formação recebida nos cursos superiores e as exigências da sociedade. Exemplos no Brasil: a) as políticas públicas de educação inclusiva de portadores de necessidades especiais e o despreparo dos professores das várias disciplinas para lidar com a heterogeneidade dos alunos; b) a necessidade de formas de gestão competente, eficaz e inovadora nas escolas e o despreparo dos docentes para as funções de gestão; c) as dificuldades de implantação das Diretrizes Curriculares Nacionais para a educação das relações etnicorraciais e para o ensino de história e cultura afro-brasileira e africana, aprovadas pelo CNE em 2004. Isso nos leva a constatar a força e a permanência dos paradigmas conservadores de formação docente, a despeito do intenso debate nas universidades e nos órgãos definidores de políticas públicas nos últimos anos.

- O desempenho profissional docente: a Conferência Internacional de Educação diagnosticou como problemas no desempenho dos professores: as dificuldades na fase de acesso, o exercício nos primeiros anos de trabalho, o individualismo, a fragmentação do trabalho, a fragilidade das estruturas de carreira e a baixa participação dos docentes nas decisões educativas; além da precarização das condições de trabalho em grande parte das escolas de educação básica. Esses indicadores levantam a questão da demanda urgente por uma política pública de formação continuada e valorização da carreira docente, que possam dar uma resposta efetiva a esses e outros problemas enfrentados em diferentes realidades educacionais.

Assim, hoje, os desafios da formação e da profissionalização docente constituem problemas complexos e, nesse sentido, demandam políticas sistêmicas capazes de enfrentar suas múltiplas dimensões; "ser professor", "tornar-se professor", "constituir-se professor", "exercer o ofício" é viver a ambiguidade, é exercitar a luta, enfrentar a heterogeneidade, as diferenças sociais e culturais no cotidiano dos diferentes espaços educativos.

Ao refletir sobre dimensões da identidade do professor de história no Brasil, Guimarães (1997, p. 28) registra:

> Vivemos uma situação ambígua, ocupamos uma posição estratégica e, ao mesmo tempo, desvalorizada; desenvolvemos uma prática cultivada e, ao mesmo tempo, aparentemente desprovida de saberes, vivemos cotidianamente o dilema entre a autonomia profissional e a ameaça da proletarização e da reprodutividade.

Com essas palavras, torna-se necessário situar nossa concepção de formação docente (inicial e contínua) como algo permanente; um modo de ser e estar na profissão, no ofício, atitude permanente e constante de preparação, capacitação para dar respostas adequadas, comprometidas e atualizadas aos fatos, problemas e necessidades da complexa realidade socioeducacional, às ações da vida pessoal e profissional.

A formação inicial do professor de história, nos cursos de licenciatura, é parte da educação permanente do profissional, ou seja, processo educativo que se desenvolve ao longo da vida dos sujeitos e transcende os limites da escolaridade formal por meio de currículos educacionais. Esse percurso formativo, de ensino e aprendizagem, desenvolve-se por meio de diferentes agentes e em diferentes espaços educativos, tais como: a educação escolar, as oficinas, o teatro, as organizações e lutas políticas e culturais, as igrejas, os museus, as bibliotecas, os meios de comunicação de massa, as experiências cotidianas, os cursos superiores, as experiências de pesquisa etc.

Quando defendemos a importância da formação docente para a educação, estamos falando de uma exigência do atual contexto sociopolítico e cultural; de uma "competência", uma demanda que se faz ao profissional;

de um espaço e um tempo de conhecimento, reflexão, crítica e aperfeiçoamento profissional; de um elemento das políticas públicas e da gestão da educação. Trata-se de uma necessidade histórica imposta pelas transformações sociais, políticas, econômicas, culturais, científicas e tecnológicas.

Como espaços de produção e de mediação entre saberes e práticas, entre o mundo e o conhecimento, entre o real, o necessário e o desejável, as pesquisas e as políticas públicas têm destacado como objetivos e conteúdos básicos, indispensáveis à formação docente, dentre outros: potencializar os resultados qualitativos, os desempenhos de discentes e docentes; estimular o desenvolvimento e a inovação nos campos acadêmicos, profissionais e escolares; reforçar o compromisso de cada pessoa, trabalhador, docente com a sociedade, de modo particular com a comunidade em que se insere; suprir as demandas de mudanças nos saberes e nas práticas pedagógicas e sociais; suprir as necessidades, os desejos de mudanças da pessoa do professor, contribuindo para o processo de construção da identidade do docente e participando dele.

A formação é um direito do trabalhador e um dever do Estado, condição indispensável para garantir o direito universal dos cidadãos à educação escolar de qualidade. A formação está intimamente imbricada ao conceito de profissionalização. Além de significar um direito e um dever, a formação inicial e a continuada constituem um tempo e um espaço de aprendizado, de produção de conhecimentos e identidades, de reflexão e ação, de trabalho coletivo de sujeitos históricos – professores e alunos dos diferentes níveis de ensino.

Formação docente e pesquisa

Ao preconizarmos o percurso formativo do professor, particularmente do professor de história, como um espaço e um tempo de conhecimento, reflexão, crítica e aperfeiçoamento profissional, algumas reflexões, questões e hipóteses sobre a formação são recorrentemente delineadas.

Os cursos superiores de formação de professores se ocupam dos saberes teóricos e práticos numa perspectiva de investigação ou reproduzem o modelo em que os formadores se ocupam dos saberes teóricos e os professores dos saberes práticos? Existe relação entre pesquisa, investigação e preparação pedagógica? Os planejamentos, os projetos de formação preveem o intercâmbio e as parcerias entre as instâncias escolares profissionais, acadêmicas e institucionais? Os objetivos dos formadores respondem às expectativas (interesses mais desejos mais necessidades) dos professores em formação? As instâncias e os agentes formadores consideram as experiências prévias e diferenciadas dos discentes? Os projetos de formação investigam e complementam a base informativa e formativa da preparação prévia do formando? Enfim, podemos refletir se as demandas explícitas (da sociedade, do Estado, da mídia, do mercado, por exemplo) de formação coincidem com as requeridas de fato pelos sujeitos formadores e formandos: como explorar as demandas e as necessidades implícitas com base naquelas que foram explicitadas?

Para ampliar o leque de questões, pensaremos também sobre a formação contínua. Todos sabemos que, no interior das escolas, nem todos gostam ou participam de projetos formativos, nem todos têm o mesmo interesse, a mesma experiência. A formação continuada, como tem sido desenvolvida no Brasil, tem possibilitado a socialização dos saberes, as trocas? Qual o impacto do conhecimento socialmente produzido e compartilhado entre os docentes nas instituições? As escolas têm autonomia e condições para planejar sua própria capacitação, como parte de seu projeto institucional? Como transformar os modelos "pré-fabricados" de cursos modelares de capacitação em espaços de criação e não de mera reprodução?

Essas reflexões, de imediato, levam-nos a reiterar algumas defesas legítimas e históricas de formadores e pesquisadores da área da história e da educação, tais como: a articulação entre teoria e prática nos cursos superiores de graduação, pós-graduação e aperfeiçoamento; a formação docente como espaço e objeto de investigação, de produção de saberes; a conciliação, na medida do desejável e possível, dos objetivos dos formadores e das expectativas dos formandos; a promoção da igualdade de oportunidades; a consideração e a exploração das demandas explícitas e implícitas dos profissionais e das escolas nos espaços acadêmicos; o estabelecimento de relações entre a formação inicial e a continuada; a avaliação não apenas dos resultados, mas da trajetória formativa; a valorização dos saberes, das experiências prévias de formadores e alunos.

Finalmente, lembramos que o professor em formação é uma pessoa com saberes próprios, histórias, experiências e condições de vida e trabalho específicos. Isso requer uma mudança de paradigmas na formação docente e nas posturas político-pedagógicas. Inúmeras investigações têm se ocupado dessa temática.

A mudança de paradigmas e a construção de formas e modelos de formação docente, ao mesmo tempo em que implicam rupturas, engendram novas maneiras de compreender e representar continuidades, descontinuidades e permanências.

A busca de superação de modelos e paradigmas dominantes se processa em determinados tempos e espaços históricos, pressupõe conflitos, embates, transformações sociais, científicas e culturais, tensões teóricas e políticas. É nesse movimento histórico, permeado por ambiguidades e transitoriedades, que se desenvolvem a reflexão, a crítica e as lutas pela ruptura com o modelo hegemônico de formação de professores, advindo da racionalidade técnica, e as tendências emergentes, como o modelo da racionalidade prática e da racionalidade crítica, conforme Pereira (2002, p. 20). Dessa perspectiva, situaremos a questão da pesquisa sobre a formação docente.

Não é uma tarefa simples. Sacristán (2002, p. 81) faz três advertências aos pesquisadores sobre as investigações dedicadas à formação de professores:

1) os professores trabalham, enquanto nós fazemos discursos sobre eles;

2) é suspeito o professor universitário falar sobre o professor em geral, que quase sempre é o professor do ensino fundamental e médio;

3) o professorado é um dos temas de investigação preferidos da produção científica.

Para Charlot (2002, p. 91),

o papel da pesquisa não é dizer o que o professor deve fazer. O papel da pesquisa é forjar instrumentos, ferramentas para melhor entender o que está acontecendo na sala de aula; é criar inteligibilidade para melhor entender o que está acontecendo ali.

Compartilhamos essas preocupações e defendemos a construção de projetos em que a pesquisa seja, de fato, o pressuposto do ensino. Logo, defendemos as pesquisas colaborativas e o papel dos professores como pesquisadores. As práticas, as experiências, os saberes históricos, pedagógicos, curriculares não são apenas objetos de ensino, mas também de investigação. Dessa perspectiva, os professores da educação básica não são meros técnicos, reprodutores, transmissores, mas, sim, sujeitos produtores de conhecimentos.

Os modelos de formação mais difundidos entre nós, como já foi mencionado, são aqueles relacionados ao paradigma da racionalidade técnica. Segundo Souza Santos (1997, p. 60),

o modelo de racionalidade que preside à ciência moderna constituiu-se a partir da revolução científica do século XVI e foi desenvolvido nos séculos seguintes, basicamente no domínio das ciências naturais. Ainda que com alguns prenúncios no século XVIII, é só no século XIX que esse modelo de racionalidade se estende às ciências sociais emergentes.

As consequências desse modelo de racionalidade para o campo das ciências sociais são bastante conhecidas: a cristalização da divisão do conhecimento em campos especializados; a fixação dos territórios disciplinares nos diferentes níveis de ensino; a justificação da hierarquização entre os que pensam e os que executam, os produtores e os consumidores de saberes, os pesquisadores e os professores, a teoria e a prática.

Na formação de professores de história, o exemplo histórico é a instituição da licenciatura curta em estudos sociais, durante a ditadura militar e civil. A Reforma Universitária de 1968 (Lei n. 5.540/68) favoreceu a implantação dos cursos superiores de curta duração, por meio do Decreto n. 547, de 18 de abril de 1969, apoiado pelo Ato Institucional n. 5, de dezembro de 1968. As consequências dessa medida foram múltiplas, e são sentidas no meio educacional brasileiro mais de 40 anos depois de sua implantação. Uma das principais implicações da implantação da licenciatura curta foi a chamada desqualificação estratégica dos professores de história e geografia, a preparação para o ensino desvinculado da pesquisa.

Essa desqualificação deve ser entendida dentro de um contexto mais amplo, que faz parte do complexo fenômeno da racionalização do trabalho, aliada nesse momento histórico do país, pós-1964, ao ideário do regime – "segurança nacional e desenvolvimento econômico". Segundo Contreras (2002, p. 35), esse processo se caracteriza como:

a) a separação entre concepção e execução no processo produtivo, em que o trabalhador passa a ser um mero executor de tarefas sobre as quais não decide;

b) a desqualificação, como perda de conhecimentos e habilidades para planejar, compreender e agir sobre a produção; e

c) a perda de controle sobre seu próprio trabalho, ao ficar submetido ao controle e às decisões do capital, perdendo a capacidade de resistência.

Sobre a formação do profissional de história,

as licenciaturas curtas vêm acentuar, ou mesmo institucionalizar, a desvalorização e a conseqüente proletarização do profissional da educação. Isso acelera a crescente perda de autonomia do professor diante do processo de ensino e aprendizagem, na medida em que sua preparação para o exercício das atividades docentes é mínima ou quase nenhuma. (...) Assim, as licenciaturas curtas cumprem o papel de legitimar o controle técnico e as novas relações de dominação no interior das escolas. (Guimarães 1993, p. 27)

A desqualificação operada pela licenciatura curta e pela maior perda de controle sobre o processo de ensino no interior da escola aprofundou a desvalorização profissional do docente e sua conseqüente proletarização e sindicalização. (*Ibid.*, p. 33)

A pesquisa sobre formação docente em cursos de licenciatura de estudos sociais era inexistente. A transmissão imperava. Ficaram conhecidos como cursos livrescos. Não apenas porque eram de curta duração, rápidos e polivalentes, mas fundamentalmente porque os princípios epistemológicos, políticos e pedagógicos que os embasavam, inspirados no modelo técnico, aliados aos princípios e objetivos do projeto político-educacional implantado durante a ditadura, preconizavam a formação de um professor transmissor de conhecimentos, portanto, desqualificado para o trabalho de produção de saberes. A instituição escolar era, pois, considerada mero espaço de transmissão de conhecimentos, de formação de valores e ideias legitimadoras da ordem social e política vigente.

O professor de história, nos cursos superiores de estudos socais, era habilitado e qualificado para desempenhar o papel de instrutor de uma perspectiva de formação técnica.

Mais recentemente, no período pós-LDBEN, vivemos no Brasil a implantação dos chamados cursos normais superiores, que proliferaram em faculdades isoladas, centros universitários e universidades privadas. Esses cursos, conforme previsto pelo Decreto 3.276/99 e pela legislação posterior, como o Parecer CNE/CP 5/2006, têm duração mais curta, 2.800 horas, que podem ser cumpridas em três anos, e formam professores para a atuação multidisciplinar na educação infantil e nos anos iniciais do ensino fundamental. Logo, esses cursos, assim como os de pedagogia (Resolução CNE/CP n. 1, de 15 de maio de 2006, DCNS para o curso de graduação em pedagogia, licenciatura), preparam professores para atuar no ensino de história nessas etapas da educação básica.

Segundo o artigo 3º, parágrafo 3º do Decreto 3.276/99,

> os cursos normais superiores deverão necessariamente contemplar áreas de conteúdo metodológico adequado à faixa

etária dos alunos da educação infantil e dos anos iniciais do ensino fundamental, incluindo metodologias de alfabetização e áreas de conteúdo disciplinar, qualquer que tenha sido a formação prévia do aluno no ensino médio.

Nesse artigo e na leitura do conjunto das diretrizes norteadoras da organização curricular, não é possível apreender a preocupação com o desenvolvimento da pesquisa e a produção de conhecimentos no processo de formação inicial dos professores. O foco é voltado para as metodologias de ensino, desvinculadas da pesquisa e do próprio conhecimento. Tal postura dos formuladores não estaria sustentada na tese de que, para atuar nos primeiros anos de escolaridade, não é necessário que os professores formados nos cursos de pedagogia e normal superior dominem os procedimentos básicos de produção de saberes nas áreas dos conteúdos específicos dos currículos? Do professor dessa faixa etária de alunos, requer-se apenas a capacidade de adequar, transpor e recriar metodologias. E os conhecimentos disciplinares? Como se concebe a prática de ensino de história nessa etapa da escolarização? Como o professor multidisciplinar, polivalente, é preparado para ensinar história? Como professor retransmissor de conhecimentos, baseado na adequação de metodologias, ou como profissional preparado para o trabalho de produção de saberes? São questões que merecem investigações e reflexões nos inúmeros cursos espalhados pelo Brasil.

Para Contreras (2002, p. 90),

> a idéia básica do modelo da racionalidade técnica é que a prática profissional consiste na solução instrumental de problemas mediante a aplicação de um conhecimento teórico e técnico, previamente disponível, que procede da pesquisa científica.

Logo, na formação, os professores têm acesso a métodos de ensino, materiais curriculares e didáticos, técnicas de organização e coordenação da sala de aula, controle de disciplina e procedimentos avaliativos. Ressalta-se que, em geral, esses materiais são elaborados por especialistas e acadêmicos, situados fora do espaço escolar. Segundo Moura (2005), em pesquisa acerca da formação e dos saberes dos professores que atuam no ensino de história, nos anos iniciais do curso de pedagogia, a ênfase recai sobre os saberes didáticos e pedagógicos, em detrimento dos conhecimentos específicos das disciplinas, no caso a história. Por outro lado, nos cursos de licenciatura em história, o predomínio curricular é dos conhecimentos históricos e teórico-metodológicos, desvinculados dos saberes pedagógicos.

Compartilhamos com Pereira (2002, p. 22) a conclusão de que

> de acordo com o modelo da racionalidade técnica, o professor é visto como um técnico, um especialista que rigorosamente põe em prática as regras científicas e/ou pedagógicas. Assim, para se preparar o profissional da Educação, conteúdo científico e/ou pedagógico é necessário, o qual servirá de apoio para sua prática. Durante a prática, os professores devem aplicar tais conhecimentos e habilidades científicas e/ou pedagógicas.

Essa síntese nos leva a considerar a força desse modelo nos cursos superiores de pedagogia e história de duração plena, que predominou em nosso país durante as últimas décadas do século XX.

Como já foi amplamente investigado e debatido, os cursos de história combinavam licenciaturas, de um lado, e bacharelado, de outro, estruturados com base na dicotomia entre conhecimentos específicos da disciplina e conhecimentos pedagógicos, preparação para o ensino e preparação para a pesquisa, conhecimentos teóricos e prática. Esse modelo, traduzido e generalizado entre nós pela fórmula "três mais um", marcou profundamente a organização dos programas de formação de professores de história. Durante três anos, os alunos cursavam as disciplinas encarregadas de transmitir os conhecimentos de história; em seguida, cursavam as disciplinas obrigatórias da área pedagógica e aplicavam os conhecimentos na prática de ensino, também obrigatória.

Os impactos desse processo na constituição dos saberes e das práticas pedagógicas dos professores de história têm sido objeto de inúmeras investigações (Couto 2004, Moura 2005, Rassi 2006). A pesquisa faz parte do processo de formação inicial do professor de história nesse modelo de formação? Sim, a pesquisa é recorrente nos cursos de história, exemplo disso são as bem-sucedidas experiências do programa de iniciação científica nas universidades. Entretanto, como as investigações revelam, em geral, as pesquisas ocorrem descoladas da prática docente e da preparação para a docência; estão voltadas para a formação do pesquisador, do historiador. Por isso, é necessário ao profissional de história que faz opção pela docência, seja na educação básica, seja na educação superior, um investimento na formação continuada, com o objetivo de reconstruir os saberes da formação universitária e a complexidade dos saberes escolares e experienciais mobilizados no cotidiano da prática escolar (Guimarães 2003, p. 71). Reiterando as palavras de Tardif, será preciso

> revelar esses saberes, compreender como são integrados concretamente nas tarefas dos profissionais e como estes os incorporam, produzem, utilizam, aplicam e transformam em razão dos limites e dos recursos inerentes às suas atividades de trabalho. (*Apud* Guimarães 2003, pp. 71-72)

No Brasil, durante os últimos anos do século XX, predominaram três modelos de formação baseados na racionalidade técnica e científica, como sintetizados por Pereira (2002, pp. 22-23), na organização de cursos que preparam o professor para o ensino de história nos diferentes níveis:

> O *modelo de treinamento de habilidades comportamentais*, para os professores desenvolverem habilidades específicas e observáveis; o *modelo de transmissão*, no qual o conteúdo científico e/ou pedagógico é transmitido ao professores, geralmente ignorando as habilidades da prática de ensino; o *modelo acadêmico tradicional*, o qual assume que o conhecimento disciplinar e/ou científico é suficiente para o ensino e que os aspectos práticos do ensino podem ser aprendidos em serviço.

Certamente, inúmeros dos nossos cursos de formação inicial podem ser analisados à luz dessa classificação. As pesquisas demonstram que não só no Brasil, mas em vários lugares do mundo, o modelo da racionalidade técnica e científica norteia a organização da maioria dos projetos de formação.

Quem de nós não é capaz de reconhecer a existência/persistência de um desses tipos de cursos em nossa realidade?

Diante das limitações, lacunas e problemas que os modelos advindos da racionalidade técnica e científica de filiação positivista suscitaram no exercício cotidiano da profissão docente, várias críticas foram apresentadas pelo universo acadêmico, por associações e movimentos, por diversas instâncias responsáveis pela formação dos sujeitos envolvidos com a dinâmica da vida escolar. As críticas evidenciaram que esses processos de formação não foram e não são capazes de preparar os professores para lidar com questões imprevisíveis, singulares e complexas, inerentes ao processo de ensino-aprendizagem.

Dentre os modelos alternativos, ganharam força no Brasil aqueles inspirados na racionalidade prática. Ancorados no trabalho de Dewey, incorporamos em nosso debate acadêmico e nas formulações das políticas os estudos de pesquisadores como Stenhouse, Shon e Zeichner. Pereira (*ibid.*, p. 27) afirma que

> existem, no mínimo, pelo menos três modelos de formação dentro do modelo da racionalidade prática: o *modelo humanístico*, no qual os professores são os principais definidores de um conjunto particular de conhecimentos que eles devem conhecer a fundo; o *modelo de ensino como ofício*, no qual o conhecimento sobre ensino é adquirido por tentativa e erro, por meio de uma análise cuidadosa da situação imediata; o *modelo orientado pela pesquisa*, cujo propósito é ajudar o professor a analisar e refletir sobre sua prática e trabalhar na solução de problemas de ensino e aprendizagem da sala de aula.

O texto do documento Resolução CNE/CP 1, de 18 de fevereiro de 2002, que institui as Diretrizes Curriculares Nacionais para a formação de professores de educação básica, em nível superior, num curso de licenciatura de graduação plena, estabelece, no artigo 3º, como um dos princípios norteadores do preparo para o exercício profissional, no item III:

> A pesquisa, com foco no processo de ensino e aprendizagem, uma vez que ensinar requer tanto dispor de conhecimentos e

mobilizá-los para a ação, como compreender o processo de construção do conhecimento.

O artigo 12, que trata da prática no currículo de formação inicial, em licenciaturas, define:

§ 1º – A prática na matriz curricular não poderá ficar reduzida a um espaço isolado, que a restrinja ao estágio desvinculado do restante do curso; § 2º – A prática deverá estar presente desde o início do curso e permear toda a formação do professor; § 3º – No interior das áreas ou das disciplinas que constituírem os componentes curriculares de formação e não apenas nas disciplinas pedagógicas, todas terão a sua dimensão prática.

É importante sublinhar nos dois artigos o foco na *pesquisa* e na relação *teoria e prática* nas diretrizes nacionais para a formação docente no país. Estamos vivenciando a construção e a implantação de novos projetos curriculares de licenciatura em história que visam atender às novas diretrizes. Nas diferentes realidades do ensino superior do país, esse processo ganha colorações diferenciadas. É possível constatar meras adequações das normativas ao modelo acadêmico da racionalidade técnica e científica, como também processos que visam romper com a dicotomia teoria e prática, por meio da articulação entre ensino e pesquisa. A pesquisação, inspirada nos trabalhos de Elliot (1998) e Kemmis e Wilkinson (2002), é cada vez mais incorporada nos cursos. As críticas ao modelo da racionalidade técnica e científica e às novas visões de teoria e prática, recorrentes no debate acadêmico e nas pesquisas acadêmicas sobre formação de professores, contagiaram os projetos institucionais, os formuladores e gestores de políticas públicas.

Neste contexto de contestação dos modelos tradicionais de formação docente, é importante destacar aqueles inspirados na racionalidade crítica. De acordo com essas concepções, a pesquisa ganha centralidade no ensino. De uma perspectiva política, o professor é considerado um sujeito problematizador. Entre nós, vários conceitos têm sido utilizados para caracterizá-los, tais como: professor pesquisador, professor reflexivo, professor crítico. Pereira (2002, p. 30) fala, ainda, de outros modelos da ação docente:

> O modelo sócio-reconstrucionista, o qual concebe o ensino e a aprendizagem como veículos para promoção de maior igualdade, humanidade e justiça social na sala de aula, na escola e na sociedade; o modelo emancipatório ou transgressivo, o qual concebe a educação como expressão de um ativismo político e imagina a sala de aula como um local de possibilidade, permitindo ao professor construir modos coletivos para ir além dos limites para transgredir; e o modelo ecológico crítico, no qual a pesquisa-ação é concebida como um meio para desnudar, interromper e interpretar desigualdades dentro da sociedade e, principalmente, para facilitar o processo de transformação social.

Nesse sentido, nas concepções críticas, a pesquisa não é apenas um elemento para melhor qualificar a formação e a prática docente, mas uma postura política de produção de saberes, transgressão, emancipação e transformação social. Na sala de aula, seja no espaço acadêmico do curso de licenciatura, seja na educação básica, a pesquisa é estratégica para a formação crítica dos sujeitos.

No campo da pesquisa em ensino de história, ganhou força entre nós, a partir dos anos 1990, a emergência de grupos de professores pesquisadores, bem como a pesquisa colaborativa entre pesquisadores acadêmicos e educadores pesquisadores. No campo do ensino de história, os projetos e resultados dessas investigações têm sido apresentados e discutidos, particularmente, em cursos de formação continuada, pós-graduação e nos eventos da área, como o Encontro Nacional de Pesquisadores de Ensino de História, realizado de dois em dois anos em diferentes locais do Brasil; o Encontro Nacional Perspectivas do Ensino de História; e os encontros regionais e nacionais da Associação Nacional de História (Anpuh). Esse movimento se deve, por um lado, à luta dos professores de história da educação básica nos movimentos sociais, políticos e acadêmicos e, por outro, à expansão da pesquisa nos programas de pós-graduação em educação e história. É cada vez maior o número de grupos de professores pesquisadores, no Brasil, em efetivo exercício no ensino de história nas escolas de educação básica, interagindo, produzindo saberes em parceria com professores pesquisadores da educação superior. Como exemplo, os relatos e análises de experiências investigadas por Paim (2005) em Chapecó, no estado de Santa Catarina, Theobald (2007) em Araucária, no estado do Paraná, e Mesquita (2006) no estado de Minas Gerais.

Os locais de realização das pesquisas não são apenas as universidades, mas também as escolas, as comunidades onde se inserem os estabelecimentos de ensino. Em relação aos temas e aos problemas, é possível destacar a vivência e experiência dos profissionais da educação, ou seja, suas histórias de vida, as relações que o professor estabelece com os sujeitos, os saberes históricos relativos aos temas e problemas do presente e do passado, as práticas pedagógicas, as fontes, os documentos, as mediações entre os saberes, o cotidiano da escola e o mundo. A subjetividade e a afetividade do professor passaram a ser reconhecidas e valorizadas. Busca-se produzir um outro tipo de conhecimento sobre o professor, sobre seus saberes e práticas educativas. Sua voz passa a ser ouvida, registrada, interpretada. Isso tem um impacto nos cursos de formação de professores, especialmente na formação continuada, na construção de novos caminhos teóricos e metodológicos, que deem conta da complexidade, imprevisibilidade e singularidade próprias do fazer docente. Compartilhando as ideias de Tardif (2002, p. 265), os professores,

> nos espaços de trabalho cotidianos, são, fazem, pensam e dizem (...) têm uma história, são atores sociais, têm emoções, um corpo, poderes, uma personalidade, uma cultura, ou mesmo culturas, e seus pensamentos e ações carregam as marcas dos contextos nos quais se inserem.

Vários são os desafios postos para as universidades, as escolas de educação básica e os demais espaços de formação de professores. As mudanças estão se processando lentamente e, cada vez mais, as práticas de ensino e aprendizagem na formação se aproximam da cultura, recuperando e valorizando argumentos, julgamentos, crenças, valores, sentimentos, motivações, concepções e vivências dos professores.

A efervescência social e política nos anos 1970 e 1980 favoreceu mudanças substantivas no campo da formação docente, que se explicitaram sobretudo a partir dos anos 1990. Nesse contexto, o debate educacional brasileiro passou a incorporar as concepções advindas das racionalidades prática e crítica, inspirando e delineando novos projetos de formação de professores.

De mero executor de decisões advindas de outras instâncias, "de cima para baixo", de técnico, transmissor de conhecimentos escolares veiculados pelo livro didático, o professor passa a ter reconhecimento como produtor de um conhecimento que é fruto de múltiplas fontes de saber e de suas ações cotidianas. Os professores e futuros professores são motivados a observar, refletir, descrever, questionar, reorganizar, sistematizar e transgredir os múltiplos acontecimentos e relações que configuram o ambiente escolar. A pesquisa ganha novas formas e valorização.

O professor passou a ser concebido e a se conceber como alguém dotado de historicidade, ser que produz, sente, vive de forma crítica, criativa, sensível, enfim, autor, produtor de saberes e de práticas educativas. Se a racionalidade técnica implicava a dissociação entre o eu pessoal e o eu profissional, entre teoria e prática, nessas novas concepções, tais dimensões se aproximam. São fluidas as relações entre a formação e a prática docentes, entre os espaços de vida e de trabalho. Como movimento dialético, tem tensões, distanciamentos e aproximações.

Considerações finais

As fronteiras, os entre-lugares, as mediações entre ensino e pesquisa precisam ser sempre pensadas em movimento, no qual os problemas e as experiências do mundo acadêmico e do cotidiano escolar não se desvinculam, não se descolam do contexto histórico, social, econômico e cultural em que se situam. Andy Hargreaves, ao analisar as mudanças históricas da profissão docente e da aprendizagem profissional, identifica quatro etapas históricas: a pré-profissional; a do profissional autônomo; a do profissional colegiado; e a pós-profissional. Segundo ele, é necessário, nesse processo, atentarmos para as mudanças da geografia social das escolas e dos centros de formação de professores. Ele nos alerta para a complexa e diversificada realidade pós-moderna, em que uns lutam para tentar desprofissionalizar o trabalho docente e outros buscam redefinir o profissionalismo docente e a aprendizagem profissional de modo mais flexível e abrangente (Hargreaves 1999, p. 117).

Precisamos questionar os riscos que podem representar o privilégio, as ênfases ou, em alguns casos, a mitificação da prática escolar como o *lócus ou a dimensão* preferencial da formação do professor, da construção de sua identidade profissional. Ao fazer isso, tal como é perigosa e lacunar a omissão da dimensão prática, podemos menosprezar, simplificar ou reduzir outros espaços, outras dimensões, outras instâncias, outros territórios, lugares e fontes igualmente importantes para a formação dos professores, como o debate teórico e científico, as tecnologias de comunicação, as artes, as memórias individuais e coletivas, a transmissão oral da experiência. É necessário compreendermos o caráter complementar, dialógico e dialético dessas relações em cada momento do processo de formação, de modo que o campo da prática e da crítica não esvazie o científico, o político, o ético e o estético. São dimensões do fazer-se, do processo de construção da identidade profissional. Em outras palavras, não é possível substituirmos, simplesmente, uma forma de racionalidade por outra.

Compartilhamos com Giroux (1999) a visão sobre a necessidade de transcender os limites de nossas próprias categorias, questionando as estruturas que se inscrevem em nossas análises. Logo, os professores pesquisadores da educação superior e básica, numa ação coletiva, podem não só analisar, interpretar e compreender as condições em que ocorre o ensino, como também desenvolver os fundamentos da crítica e da transformação das práticas sociais. Precisamos, portanto, trilhar caminhos inovadores, que produzam mudanças, que desenvolvam a capacidade de reflexão, de crítica e de análise e incorporem e relacionem dialeticamente processos individuais e sociais.

Nesse sentido, é importante que os professores de história se apropriem de canais de diálogo entre a realidade vivida e interpretada e que possam, assim, ampliar suas respectivas possibilidades de compreensão sobre a identidade profissional docente.

Reiteramos a posição política, pedagógica e científica de que é necessário ouvir o professor de história. Ouvir, interpretar, ressignificar e transgredir as experiências vividas em múltiplos ambientes formativos: a sala de aula, as lutas sociais e os movimentos culturais, sindicais, o teatro, o cinema, os museus, a família, a igreja, o bairro, a academia e tantos outros. Como diz Fernández, "aprender fora da escola não é um folclore do passado, é um desafio para o futuro" (2006, p. xx, trad. nossa). Assim, a voz do professor é uma possibilidade viva de evidenciar modos de ser, pensar e agir que se relacionam com determinadas práticas pedagógicas desenvolvidas em determinados contextos sócio-históricos e culturais. A experiência é uma categoria central para a compreensão desse processo.

Portanto, a formação e a profissionalização docente, como ensina Hargreaves, são resultantes das vontades e responsabilidades individuais e coletivas, da obrigação institucional do Estado, da sociedade. Logo, devem integrar de forma ativa e dinâmica os conhecimentos e as dimensões da experiência, das situações práticas, do mundo acadêmico e da realidade sócio-histórica e cultural que estamos vivendo. Essas relações são complexas e abertas a uma variedade de interpretações. São constitutivas do tornar-se, do fazer-se, do ser professor de história no Brasil.

2
TUDO É HISTÓRIA:
O QUE ENSINAR NO MUNDO MULTICULTURAL?

> *Atenção, tudo é perigoso,*
> *Tudo é divino maravilhoso.*
>
> Caetano Veloso e Gilberto Gil, "Divino maravilhoso"
>
> *O passado já passou,*
> *e a história é o que os historiadores fazem com ele*
> *quando põem mãos à obra.*
>
> Keith Jenkins, *A história repensada*

Inspiramo-nos no historiador Keith Jenkins para iniciar este texto, registrando algumas questões recorrentes entre os profissionais da história: O que fazem os historiadores quando ensinam história? Como trazem de volta o passado? Quais os temas, as fontes, os materiais, os problemas que escolhem para fazer as mediações entre o passado e o presente vivido por nós? De qual passado tratamos quando ensinamos história às crianças e aos jovens brasileiros?

Jenkins relembra que "nenhum historiador consegue abarcar e, assim, recuperar a totalidade dos acontecimentos passados, porque o conteúdo desses acontecimentos é praticamente ilimitado". Em segundo lugar, "nenhum relato consegue recuperar o passado tal qual era". E, em terceiro lugar, a história "está sempre fadada a ser um construto pessoal, uma manifestação da perspectiva do historiador como narrador. (...) O passado que conhecemos é sempre condicionado por nossas próprias visões, nosso próprio presente" (2005, pp. 31-33).

Assim como a história, o currículo não é um mero conjunto neutro de conhecimentos escolares a serem ensinados, apreendidos e avaliados. Como define Goodson, "é sempre parte de uma tradição seletiva, um perfeito exemplo de invenção da tradição. Não é, porém, como acontece em toda tradição, algo pronto de uma vez por todas; é, antes, algo a ser defendido onde, com o tempo, as mistificações tendem a se construir e reconstruir" (2001, p. 27).

Compartilhamos as ideias do autor e concebemos currículo como uma construção, um campo de lutas, um processo, fruto da seleção e da visão de alguém ou de algum grupo que detém o poder de dizer e fazer. Logo, o currículo revela e expressa tensões, conflitos, acordos, consensos, aproximações e distanciamentos. É histórico, situado, datado no tempo e no lugar social.

Dessa perspectiva, este texto tem como objetivo refletir sobre a questão dos currículos de história na escola de educação básica no contexto global e multicultural em que vivemos. Defende, nesse universo infinito, a necessidade de priorizar alguns temas, agentes e materiais, de acordo com o projeto de conhecimento, de ensino e aprendizagem que for definido pelo professor, em diálogo com alunos, pais, comunidade e outros. Esse é o nosso desafio.

De que lugar estamos falando?

Quando perguntamos o que ensinar em uma sociedade multicultural, preocupamo-nos em situar o espaço-tempo em que estamos vivendo, bem como em definir de qual multiculturalismo falamos. A expressão multicultural tem sido amplamente utilizada no jargão acadêmico e nos discursos educacionais, nos currículos das escolas para caracterizar a sociedade brasileira globalizada, inserida no movimento de mundialização do capital, com sua diversidade geográfica, racial, religiosa, política etc.[1]

O conceito é utilizado também para expressar a defesa de um caminho mais flexível para a escola que se pretende aberta aos saberes do cotidiano, inserida no espaço do multi, do pluri. O professor, nesse contexto multicultural, "deve" estar além dos territórios e dos limites que o saber especializado representa no contexto da escola. Assim, "deve" ter a capacidade de *interdisciplinarizar*, de integrar, de incluir em contextos específicos os sujeitos e os saberes dos excluídos: negros, índios, pobres, homossexuais, portadores de deficiências físicas, mentais e outros.

Trata-se, pois, de uma postura, de um discurso que traz consigo a crítica ao sistema de ensino brasileiro, à sua concepção e organização histórica, atrelada aos interesses dos setores dominantes da sociedade. Rejeita a escola excludente. Defende uma escola para todos. Compreende que os saberes institucionalizados ou socialmente aceitos sempre permearam nossos currículos e também a dinâmica em que se insere o processo de globalização, de derrubada de fronteiras. A escola se apresenta como um espaço de acolhimento, inclusão, respeito, de "resgate" (palavra bastante utilizada) de identidades e culturas múltiplas.

Nos últimos anos, é visível e explícito o crescente interesse do Estado e de alguns setores sociais em reconhecer o pluralismo no interior da sociedade brasileira e a educação escolar como um espaço de afirmação de identidades diversas. Esse interesse emerge de forma mais contundente em determinados momentos, como reação às demandas, lutas e necessidades de determinados setores sociais, especialmente daqueles considerados "minorias". Exemplo disso foram a introdução de temas transversais como "ética" e "pluralidade cultural" nos Parâmetros Curriculares Nacionais, pelo MEC, em 1997, e a Lei Federal n. 10.639, de 9 de janeiro de 2003, que tornou obrigatória nas escolas de ensino fundamental e médio, oficiais e particulares, o estudo da temática "história e cultura afro-brasileira".

---

1. Os conceitos de globalização e mundialização são analisados em várias obras, como: G. Benko. *Economia, espaço e globalização na aurora do século XXI*. São Paulo: Hucitec/Annablume, 2002; D. Harvey. *Espaços de esperança*. São Paulo: Loyola, 2004.

Isso nos leva a questionar: De qual multiculturalismo estamos falando? O que significa falar em identidade nesse contexto? Vários autores, de diferentes campos do saber, têm se debruçado sobre o assunto. Como diz Bauman, "identidade é o papo do momento, um assunto de extrema relevância e em evidência" (2005, p. 23). Para Hall, está ocorrendo uma "verdadeira explosão discursiva do conceito de identidade" (2000, p. 103). Por isso, e por caminhos distintos, os autores alertam para os vários aspectos circunscritos à questão identitária. Discutir o problema das identidades culturais no contexto da pluralidade requer analisar a rede de significações que a problemática adquire nos diferentes lugares sociais. No caso específico do Brasil, quais as implicações de pensar a identidade e a pluralidade cultural pelo viés da diversidade, descolada da desigualdade social e da discriminação?

Para Tomaz Tadeu da Silva,

> em geral, o "multiculturalismo" apóia-se em um vago e benevolente apelo à tolerância e ao respeito para com a diversidade e a diferença. (...) Da perspectiva da diversidade, a diferença e a identidade tendem a ser naturalizadas, cristalizadas, essencializadas. São tomadas como dados ou fatos da vida social diante dos quais se deve tomar uma posição. (2000, p. 73)

A posição "politicamente correta" é de aceitação, tolerância para com o diferente, o *slogan* "ser diferente é normal" exemplifica bem essa postura.

Todos nós, professores de história, sabemos que há uma grande diferença entre a diversidade cultural, fruto da diferenciação e da singularidade de culturas, e a desigualdade social, produto das relações de exploração capitalista, historicamente construídas e consolidadas em nosso país. Assim, compartilhamos o pensamento do educador Peter McLaren (2000, p. 284), que, ao ir além do termo crítico, defende o

> multiculturalismo revolucionário, que não se limita a transformar a atitude discriminatória, mas se dedica a reconstituir as estruturas profundas da economia política, da cultura e do poder nos arranjos sociais contemporâneos. Ele não significa reformar a democracia capitalista, mas transformá-la, cortando suas articulações e reconstruindo a ordem social do ponto de vista dos oprimidos.

Assim, continua o autor, o "multiculturalismo revolucionário não deve apenas acomodar a idéia do capitalismo, mas também defender uma crítica ao capitalismo e uma luta contra ele".

Esse autor destaca as possibilidades abertas pela educação multicultural com base em uma concepção revolucionária de multiculturalismo. Para ele, somente a resistência crítica à dominação cultural é capaz de desafiar os processos historicamente sedimentados. "A educação multicultural, da perspectiva da pedagogia crítica, não é concebida como um conjunto de práticas de ensino em sala de aula, mas como uma disposição e um compromisso politicamente informados, com os outros marginalizados a serviço da justiça e da liberdade" (ibid., p. 286).

O "multiculturalismo" se constitui num movimento, num campo político de embates, de constituição de identidades, no qual as relações de classe, gênero, etnia são relações de poder, autoridade, dominação e resistência na lógica da sociedade capitalista. Logo, não podemos confundir o respeito, a tolerância em relação às múltiplas experiências de grupos humanos e as lutas sociais pela transformação da sociedade. O respeito à diferença não pode significar o mascaramento ou a omissão perante as profundas desigualdades sociais e econômicas existentes no Brasil.

Entre nós, o movimento multi, pluricultural se configura, na educação, como favorável à construção de currículos "culturalmente inclusivos", que incorporem tradições culturais e sociais de grupos específicos, características econômicas e culturais das realidades locais e regionais. A chamada "parte diversificada" dos currículos nacionais, prevista no artigo 26 da LDBEN, exemplifica a questão.

O multiculturalismo também é concebido como resultante de reivindicações de grupos, como mulheres, negros, indígenas, homossexuais, para que seus saberes, suas manifestações culturais, suas histórias sejam valorizados e reconhecidos. Por outro lado, também é visto como uma estratégia de grupos dominantes, de agências, para controlar e dominar as reivindicações, os mecanismos de produção e reprodução de saberes e culturas.

Os significados políticos e pedagógicos desse movimento para a educação e o ensino de história no Brasil estão sendo tecidos pelos sujeitos sociais, de modo particular, por professores e alunos em situações históricas determinadas. Portanto, "todos falamos com base em posições de sujeitos complexas, o que significa dizer que nunca escapamos da ideologia ou dos efeitos do discurso" (McLaren 2000, p. 39).

Nós, professores, desempenhamos papéis importantes nos diferentes espaços educativos, nos quais é possível desconstruir discursos antidemocráticos, monoculturais, difusores de estereótipos e preconceitos de classe, raça, religião etc.

Hargreaves (2003, p. 216) alerta e denuncia:

> Nos últimos anos, tornamo-nos tímidos demais em relação a promover abertamente a justiça social nas escolas públicas. Em lugar de raça ou classe, falamos sobre "diversidade". As injustiças da exclusão são substituídas pela tecnicidade das lacunas de desempenho. A indignação política e moral com relação ao empobrecimento deu lugar a debates técnicos sobre o aprimoramento. Os educadores pregam a importância de se ter um propósito moral, mas, além de alguns clichês, não se atrevem a dizer qual seria ele. Nosso vocabulário diluído denuncia uma falta de coragem e uma perda de ousadia.

Assim, mais que um conteúdo escolar e acadêmico, o "multiculturalismo crítico e revolucionário" é uma postura ética e política em relação ao mundo.

O campo dos currículos

O campo de estudos do currículo tem-se aprofundado de forma substantiva no âmbito internacional, como dão exemplos as pesquisas de Apple (1982), Goodson (2001), Popkewitz (1987) e Sacristán (1999 e 2000), dentre outros. No Brasil, entre os vários estudos e publicações, destacam-se os debates produzidos no grupo de trabalho de currículo, da Associação Nacional de Pós-Graduação e Pesquisa em Educação (Anped) (Moreira e Silva 2000; Veiga-Neto 1999; Macedo *et al.* 2006; Lopes 2002; dentre outros).

Segundo a literatura, na construção social do currículo, há níveis de elaboração que se complementam, conflitam e relacionam em territórios sujeitos a modificações e transformações: o nível pré-ativo, o escrito, o prescrito, a fonte documental, e o ativo, o vivido, o real ou o praticado em sala de aula. O currículo é entendido como um campo de relações e intenções sociais, políticas, econômicas e culturais, é parte constitutiva do contexto produzido e produtor de relações, de saberes e práticas escolares. Assim, discutir o que ensinar e como ensinar história é refletir sobre currículo. É conhecer contextos e lugares de sua (re)constituição.

O currículo é temporal. É histórico. Medeia as relações entre escola, conhecimento e sociedade. É relacional. Busca a compreensão das permanências e das transformações no que se refere aos objetivos da escola (o que ela faz) e com quem ela estabelece relações (a quem ela atende e de que modo).

O currículo é reconhecido como histórico, porque representa, marca, interfere na história de seu tempo. Como destaca Veiga-Neto (1999), o currículo é um artefato da educação escolarizada. Dessa maneira, assume diferentes sentidos no contexto da escola, porque é vivido, experienciado, é um dos elementos que fazem a escola como ela é. Para esse autor, "a historicidade do currículo é da sua própria constituição, de modo que não apenas ele tem uma história como ele faz uma história" (p. 96). Se o currículo pode ser considerado um artefato da educação escolarizada, Veiga-Neto afirma ainda que ele "traz para a escola, elementos que existem no mundo e cria, na escola, sentidos para o mundo" (p. 101). Dessa forma, ocupa lugar central na construção identitária dos alunos. O campo curricular pode ser entendido como um lugar de representação cultural, de avanços e retrocessos, de luta pelo poder, de multiculturas, de exclusão e de escolhas.

Para Moreira e Silva (2000, p. 28), o currículo pode ser conceituado como não sendo

> o veículo de algo a ser transmitido e passivamente absorvido, mas o terreno em que ativamente se criará e produzirá cultura. O currículo é, assim, um terreno de produção e de política cultural, no qual os materiais existentes funcionam como matéria-prima de criação, recriação e, sobretudo, de contestação e transgressão.

O currículo, assim entendido, constitui um dos percursos que os interesses sociais e a cultura encontram para se produzir e se desenvolver por meio dos códigos e das práticas estabelecidas por ele. Para Lopes (2002, p. 102), os códigos "são princípios regulativos, tacitamente adquiridos, que selecionam e integram os significados relevantes, as formas de realização desses significados e os contextos que evocam tais significados".

Os códigos legitimam determinados conteúdos, valores e culturas adquiridos por intermédio de métodos de aplicação e apreensão que privilegiam certos modos de formar e avaliar, baseados em exigências econômicas e políticas de uma sociedade situada em um determinado tempo e espaço. Desse modo, o currículo seleciona e oficializa os objetivos culturais da sociedade.

Segundo Sacristán (2000, pp. 15-16), o currículo pode ser entendido como a concretização prática de seus códigos:

> O currículo é uma práxis antes que um objeto estático emanado de um modelo coerente de pensar a educação ou as aprendizagens necessárias das crianças e dos jovens, que tampouco se esgota na parte explícita do projeto de socialização cultural nas escolas. É uma prática, expressão da função socializadora e cultural que determinada instituição tem, que reagrupa em torno dele uma série de subsistemas ou práticas diversas, entre as quais se encontra a prática pedagógica desenvolvida em instituições escolares que comumente chamamos ensino. É uma prática que se expressa em comportamentos práticos diversos. O currículo, como projeto baseado num plano construído e ordenado, relaciona a conexão entre determinados princípios e uma realização dos mesmos, algo que se há de comprovar e que nessa expressão prática concretiza seu valor. É uma prática na qual se estabelece um diálogo, por assim dizer, entre agentes sociais, elementos técnicos, alunos que reagem diante dele, professores que o modelam etc.

A análise de currículos exige um olhar sobre as intencionalidades do "prescrito" para ensinar e como ensinar. O currículo se concretiza no campo dos saberes e das práticas pedagógicas realizadas na instituição escolar. Campo que não é neutro. Nele, há confluências de relações e interesses em que se entrecruzam os anseios sociais vinculados ao poder, representados por ideais hegemônicos e contra-hegemônicos. Sendo o currículo componente da escola, por consequência, ele é o local de encontro e desencontro de desejos e ideologias. O currículo vivido revela não apenas aceitação, mas resistências, tensões configuradas no cotidiano da sala de aula e da escola.

Concebemos currículo não apenas como um dos elementos que "guiam", "orientam" o trabalho na escola, mas também como objeto de interesses e disputas sociais e culturais na prática escolar. Por isso, há uma relação íntima entre o currículo, as práticas pedagógicas e as formas avaliativas vinculadas à noção de poder exercido pelo controle social e econômico, o que se configura no controle do Estado sobre a escola (Apple 1982).

As áreas de conhecimento, as disciplinas, territórios formalmente determinados pelo currículo, e as atividades pedagógicas podem ou não estabelecer e reforçar os mecanismos de controle sobre as pessoas. O campo do currículo seleciona e organiza o conhecimento a favor de alguns princípios e valores, que podem ser reproduzidos, aceitos ou criticados pelos sujeitos do processo educativo. Por isso, o currículo é contextual, depende de onde e de quem o utiliza.

Para pensar as relações estabelecidas entre o currículo e outros elementos da prática escolar, faz-se necessário voltar um pouco o olhar sobre o papel da escola como instituição cultural, social e política. Ela não só reproduz, como também produz saberes, práticas, valores, culturas. Portanto, o campo do currículo não se limita ao "prescrito" nos documentos oficiais, mas abrange as ações, as vivências, os currículos vividos, construídos no cotidiano escolar. O currículo, em sua dupla dimensão – prescrito e vivido –, remete-nos a pensar as relações cultura e poder e o ensino de história.

Macedo e Moreira (2002) enfatizam que, nas discussões críticas sobre o currículo, evidenciam-se análises que focalizam a produção de identidades sociais. Nessa linha de análise, o currículo é espaço de seleção cultural e a cultura é o ambiente de produção de significados gerados no embate, nas disputas, nas relações de poder. A construção de significados contribui e participa da produção de identidades sociais. O currículo é concebido como um campo de encontro, território de cultura e poder.

As escolas são instituições que produzem, controlam e distribuem significados. Elas podem ou não legitimar a cultura da classe detentora do poder econômico e político. Como Apple ressalta, a cultura e o poder "precisam ser vistos não como entidades estáticas sem conexão entre si, mas como atributos das relações econômicas existentes numa sociedade" (Apple 1982, pp. 98-99).

Segundo o mesmo autor,

> o currículo configura, assim, território em que ocorrem disputas culturais, em que se travam lutas entre diferentes significados do indivíduo, do mundo e da sociedade. Participa do processo de construção das identidades que dividem a esfera social, ajudando a produzir, entre outras, determinadas identidades raciais, sexuais, nacionais. (*Ibid.*, p. 12)

Logo, a escola é um espaço de produção e reprodução. Sujeitos históricos ativos – professores e alunos – interagem de forma ativa e dinâmica. Por isso, reafirmamos: o que os professores ensinam e os alunos aprendem vai muito além do prescrito nos currículos e livros didáticos. Relembrando Charlot (2000, p. 78):

> A relação com o saber é a relação de um sujeito com o mundo, com ele mesmo e com os outros. É relação com o mundo como conjunto de significados, mas também como espaço de atividades, e se inscreve no tempo.

Em um espaço-tempo de mudanças nos processos de trabalho, na indústria, na informática, nas telecomunicações, nas ciências, as reformas educativas do Estado visam contemplar as exigências do mercado e da sociedade, que demandam um trabalhador/consumidor/cidadão cada vez mais escolarizado.

A política educacional implementada no Brasil a partir dos anos 1990, aperfeiçoada no início do século XXI, passou a estabelecer diferentes mecanismos de controle, dentre eles, o currículo nacional comum, os Parâmetros Curriculares e as Diretrizes Nacionais, os sistemas nacionais de avaliação como o Exame Nacional do Ensino Médio e o Provão, hoje,

Enade. O currículo prescrito, de base nacional comum, e os processos de avaliação de desempenho passaram a exercer grande influência nas práticas de ensino e avaliação dos professores, de modo particular no ensino médio, mas não só passaram a "ditar" os conteúdos que devem ser ensinados para atender à demanda dos sistemas avaliativos, como a definir que instrumentos devem ser aplicados aos alunos para treiná-los a resolver os "modelos" das provas dos principais exames do país.[2]

Assim, o currículo prescrito unificado e as avaliações de desempenho assumiram maior centralidade no contexto das reformas educacionais não só no Brasil, mas em diversos países do mundo em desenvolvimento. De acordo com Lopes (2002), o Banco Interamericano de Desenvolvimento, um dos órgãos financiadores da reforma educacional no Brasil, assim como o Banco Mundial, colocaram o currículo no centro das mudanças. O currículo, para esses órgãos, serve para distribuir o conhecimento oficialmente considerado válido pelas instituições escolares, facilitando a verificação dos resultados por meio de mecanismos avaliativos. As reformas implementadas com fomento internacional estão subordinadas às macropolíticas econômicas e sociais de inspiração neoliberal, pois o discurso, em nível global, estende-se às políticas curriculares de diversos países, universalizando e padronizando propostas, conhecimentos, objetivos, finalidades e culturas.

A oficialização dos currículos comuns insere-se, pois, no processo de globalização econômica e mundialização da cultura. Os Parâmetros Curriculares Nacionais, implantados pelo MEC no decorrer dos anos 1990, representam e legitimam decisões políticas para os sistemas de ensino. A educação básica, nesse contexto, ganha relevância. Vejamos o caso do ensino médio.

Segundo o texto dos Parâmetros Curriculares Nacionais, "propõe-se para o ensino médio a formação geral em oposição à formação específica; o desenvolvimento das capacidades de pesquisar, buscar informações, analisá-

---

2. Os mecanismos de acompanhamento, avaliação e controle foram aperfeiçoados por meio de Programas como o Plano de Desenvolvimento da Educação (PDE) e o Índice de Desenvolvimento da Educação Básica (Ideb), "Para cada escola uma nota". Disponíveis no *site* www.mec.gov.br (acesso em 19 de junho de 2007).

las e selecioná-las, assim como (...) a capacidade de aprender, criar, formular, ao invés do simples exercício de memorização" (Brasil 2002, p. 16).

Essa ideia assenta-se no desenvolvimento de "habilidades e competências" culturais e cognitivas para o pleno desenvolvimento humano. Sabemos que a expressão "habilidades e competências" é apropriada e ressignificada pelo discurso neoliberal e neoconservador, vincula-se à economia, ao mercado, à empresa e visa formar o "cidadão pleno" de habilidades e competências, que saiba resolver problemas.

Segundo esses Parâmetros Curriculares Nacionais, a proposta para o ensino médio, por exemplo, atende a dois fatores:

> As mudanças estruturais que decorrem da chamada "revolução do conhecimento", alterando o modo de organização do trabalho e as relações sociais; e a expansão crescente da rede pública, que deverá atender a padrões de qualidade que se coadunem com as exigências desta sociedade. (*Ibid.*)

As reformas educativas, então, utilizam-se de mudanças curriculares como forma de obtenção de resultados, padrões de desempenho, indicadores de uma educação de qualidade. A proposta de desenvolver "competências e habilidades" nos alunos visa atender à necessidade de melhoria do nosso ensino e de acompanhamento das transformações tecnológicas, além da preparação para o exercício da cidadania. Cabe à educação, como uma de suas funções, o desenvolvimento social, em virtude da aproximação dos objetivos de construção de competências para a formação cidadã e para o mundo produtivo.

A formação dos jovens para a sociedade do conhecimento tem sido objeto de reflexão de pesquisadores de diferentes áreas. A formação da cidadania é contraposta à formação para a economia, ligada às necessidades do mercado capitalista em que vivemos. Hargreaves (2003, p. 89) argumenta que esse paradoxo, em termos curriculares, em nada ajuda os jovens. O autor defende que

> ensinar para a sociedade do conhecimento e para além dela não precisam ser incompatíveis. (...) Ensinar apenas para a sociedade

do conhecimento prepara os alunos e as sociedades para a prosperidade econômica, mas limita as relações das pessoas àquelas instrumentais e econômicas. (...) Ensinar para além da sociedade do conhecimento cultiva a atitude de cuidado e solidariedade, desenvolve caráter e identidade cosmopolita, mas, se as pessoas estão despreparadas para a economia do conhecimento, serão excluídas dela, carecendo das necessidades básicas e fundamentais para que as comunidades sobrevivam e tenham êxito.

Assim, é possível concluir que o campo de produção de currículos, nas políticas públicas formuladas pelo Estado, em seus diferentes níveis nas instituições escolares, é sempre permeado por relações de poder e de autoridade, para definir, selecionar, excluir, enfatizar, projetar um dado modo de formação, de educação da sociedade por meio da educação escolar. Logo, se concebemos a tarefa de formar como um modo de combater os discursos etnocêntricos, conservadores e preconceituosos, implícitos e explícitos nos discursos curriculares, nos meios de comunicação de massa e nos materiais didáticos, devemos valorizar permanentemente, na ação curricular, as vozes dos diferentes sujeitos, o diálogo, o respeito à diferença, o combate à desigualdade e o exercício da cidadania.

Tudo é história?

Após percorrermos o caminho escolhido, chegamos às questões registradas no início do texto: De qual passado tratamos quando ensinamos história às crianças e aos jovens brasileiros? Como os currículos de história operam no sentido de selecionar o que ensinar em história?

As respostas, certamente, dependem de nossas posições políticas, nossas escolhas teóricas e metodológicas, ou seja, de nossa maneira de nos apropriarmos do passado e interpretá-lo e do diálogo que estabelecemos com diferentes evidências, versões e interpretações já produzidas. Quando nos referimos às escolhas, a seleção operada pelos currículos prescritos elaborados por especialistas para professores e alunos, os critérios e as intenções político-ideológicas são norteadores.

Inúmeros estudos, ensaios e pesquisas já se debruçaram sobre o papel da história como disciplina, os critérios de organização e seleção curricular, os manuais didáticos, as metodologias e práticas de ensino consideradas adequadas, críticas ou formativas. Esse terreno é sempre controverso, habitado por disputas, interesses, consensos e, principalmente, dissensos.

Nos diferentes contextos da história do Brasil, é possível identificar a preocupação do Estado com a institucionalização de currículos e programas de história para a educação básica. Os textos dos documentos curriculares são reveladores de objetivos e posições políticas e teóricas que configuram não apenas o papel formativo da história como disciplina escolar, mas, sobretudo, as estratégias de manipulação do conhecimento. Se tudo é história, por que às escolas de educação básica se impõe ou sugere uma seleção preestabelecida em outros lugares de produção, por outros sujeitos, externos à vida da escola?

Na história da disciplina história, a partir do século XIX, é possível identificar 18 programas de ensino, relativos a reformas curriculares realizadas entre os anos de 1841 e 1951. Esses programas de ensino de história foram organizados pelo Colégio Pedro II, do Rio de Janeiro (Vechia e Lorenz 1998, p. VIII). Para exemplificar, citaremos três programas de ensino elaborados pela congregação do Colégio Pedro II, aprovados pelo Ministério da Educação e Saúde e instituídos por meio de decretos, para utilização não só no referido colégio, mas em todos os estabelecimentos de ensino secundário do país. Esses programas prescrevem o conteúdo a ser ensinado em história, em consonância com as diretrizes educacionais das reformas educacionais dos anos de 1931, 1942 e 1951.

Os programas do curso fundamental do ensino secundário, nos termos do artigo 10, do Decreto n. 19.890, de 18 de abril de 1831, previam para a área de história: história da civilização na 1ª série, em duas horas; história geral, compreendendo da "revelação da civilização egípcia" até "as ambições dos estados europeus e a Grande Guerra, a Revolução Russa e suas repercussões". Na 2ª série, em duas horas: história da Antiguidade – Oriente, Grécia e Roma; história da América e do Brasil. Na 3ª série, em duas horas: Idade Média; história da América e do Brasil. Na 4ª série, em duas horas: história moderna; história da América e do Brasil. Na 5ª série, em duas horas: história contemporânea; história da América e do Brasil.

Os programas das disciplinas do curso ginasial do ensino secundário, nos termos da Portaria Ministerial n. 170, de 11 de julho de 1942, estipulavam para a área de história: história geral, na 1ª série, história antiga e medieval, subdividida em nove unidades, compreendendo a história do Oriente, da Grécia e de Roma até a queda do império do Oriente. Na 2ª série, história moderna e contemporânea. Na 3ª série, história do Brasil, do descobrimento à independência. Na 4ª série, história do Brasil, do primeiro reinado até o Estado Novo.

O programa de ensino de 1951, que se refere à Portaria n. 969, de 2 de outubro de 1951, previa para o curso ginasial: na 1ª série, história do Brasil, do descobrimento à fase contemporânea. Na 2ª série, história da América. Na 3ª série, história antiga e medieval; e na 4ª série, história moderna e contemporânea, além de uma retomada da história do Brasil. Para o curso colegial, o programa estabelecia: na 1ª série, história antiga. Na 2ª série, história medieval, moderna e história do Brasil, do descobrimento à monarquia portuguesa. Na 3ª série, história contemporânea e história do Brasil, da independência ao Brasil atual.

Os três currículos revelam aspectos, características e intenções dos três modos de organização e seleção do conhecimento escolar a serem ensinados, já bastante analisados e discutidos entre nós, mas que gostaríamos de salientar.

Na reforma de 1931, início da "era Vargas", predomina ainda o estudo da história da civilização cristã ocidental, herança do século XIX. As histórias da América e do Brasil aparecem em segundo plano. No programa de 1942, no auge do período "getulista", a ênfase é na história do Brasil, no "desenvolvimento econômico, espiritual", no "sentimento nacional", na "defesa do território", no "progresso nacional" e em outros recortes que exaltam o nacionalismo, os "grandes empreendimentos", os "sentidos da política interna". A história da América é omitida do programa.

Na reforma de 1951, no período após a Segunda Guerra Mundial, as histórias do Brasil e da América são realocadas nas 1ª e 2ª séries. A história geral – antiga, medieval, moderna e contemporânea – na 3ª e 4ª séries do curso ginasial, que passam a corresponder às últimas séries (5ª a 8ª) do ensino de 1º grau (Lei n. 5.692/71) e que, posteriormente, passaram a ser chamadas de séries/anos finais do ensino fundamental (Lei n. 9.394/96). Esse modo de organização predominou nos currículos e materiais didáticos de grande parte das escolas brasileiras até os anos 1980, no processo de democratização e mudanças curriculares promovidas em vários estados da federação. Em grande medida, ainda que sob a fusão dos estudos sociais, a reforma curricular do período da ditadura militar manteve a estrutura curricular institucionalizada em 1951 (Guimarães 1993).

Nos currículos e programas de ensino exemplificados, é evidente, em diferentes momentos políticos da nossa história, a relação entre o ensino de história e a formação de uma identidade comum nacional. O que nos remete à intencionalidade política do Estado em relação ao preparo do cidadão apto a conviver em sociedade. A Lei de Diretrizes e Bases da Educação Nacional – Lei n. 9.394/96 –, em vigor, define em seu artigo 2º:

> A educação, dever da família e do Estado, inspirada nos princípios de liberdade e nos ideais de solidariedade humana, tem por finalidade o pleno desenvolvimento do educando, seu preparo para o exercício da cidadania e sua qualificação para o trabalho.

Essa preocupação está explícita na reforma educacional dos anos 1990. Assim, o primeiro objetivo do ensino de história na escola fundamental, previsto no texto dos PCNs, é fazer com que os alunos sejam capazes de

> compreender a cidadania como participação social e política, assim como exercício de direitos e deveres políticos, civis e sociais, adotando no dia-a-dia atitudes de solidariedade, cooperação e repúdio às injustiças, respeitando o outro e exigindo para si o mesmo respeito. (Brasil 1997, p. 7)

Em relação ao que ensinar em história, os Parâmetros Curriculares Nacionais para o ensino fundamental, implantados pelo MEC no final dos anos 1990, preveem para a área de história, nos quatro anos iniciais, o estudo dos seguintes eixos temáticos:

- história local e do cotidiano, desdobrada em dois subitens: localidade e comunidades indígenas;
- história das organizações populacionais, subdividida em: deslocamentos populacionais, organizações e lutas de grupos sociais e étnicos, e organização histórica e temporal.

Para o ensino dos anos finais do nível fundamental da área de história, os PCNs propõem outros dois eixos temáticos:

- história das relações sociais, da cultura e do trabalho, subdividida em: relações sociais, natureza e a terra e as relações de trabalho;
- história das representações e das relações de poder, desdobrada em dois subitens: nações, povos, lutas, guerras e revoluções; cidadania e cultura no mundo contemporâneo.

Além disso, o documento curricular estabelece os temas transversais: ética, saúde, meio ambiente, orientação sexual, pluralidade cultural, trabalho e consumo.

O governo federal, por meio da Lei n. 11.274/2006, alterou a redação dos artigos 29, 30, 32 e 87 da LDBEN, ampliando para nove anos a duração do ensino fundamental, com matrícula obrigatória a partir de seis anos. O artigo 5º estabelece que os municípios, estados e o distrito federal terão prazo até 2010 para implantar a obrigatoriedade do ensino de nove anos. Segundo informações do MEC (*site*: www.mec.gov.br, acesso em 15 de fevereiro de 2007), a proposta curricular não deve ser compreendida como uma simples adequação das diretrizes curriculares da última série da educação infantil e da primeira do ensino fundamental. Informa ainda que a definição do currículo será uma incumbência dos sistemas de ensino.

Em relação aos três anos do ensino médio, os PCNs trazem as bases legais para a reforma desse nível de ensino e as três áreas disciplinares que norteiam o trabalho de professores e alunos. A primeira área está organizada em torno de: "linguagens, os códigos e suas tecnologias", com os conhecimentos disciplinares de língua portuguesa, língua estrangeira moderna, educação física, arte e informática. As "ciências da natureza, da matemática e suas tecnologias" compõem a segunda área, por meio do campo disciplinar da biologia, da física, da química e da matemática. Por fim, a área das "ciências humanas e suas tecnologias" agrupa os conhecimentos de história, geografia, sociologia, antropologia, política e filosofia. Não há listas de conteúdos, temas, subitens, mas um elenco de competências a serem desenvolvidas nos alunos.

Segundo os PCNs, as competências abrangem

> capacidade de abstração, do desenvolvimento do pensamento sistêmico, ao contrário da compreensão parcial e fragmentada dos fenômenos, da criatividade, da curiosidade, da capacidade de pensar múltiplas alternativas para a solução de um problema, ou seja, do desenvolvimento do pensamento crítico, da capacidade de trabalhar em equipe, da disposição para procurar e aceitar críticas, da disposição para o risco, do saber comunicar-se, da capacidade de buscar conhecimento. (Brasil 2002, p. 24)

Essas competências são consideradas, ainda, de acordo com o documento, "condições para o exercício da cidadania" em uma sociedade democrática, inspirado em obras que abordam os saberes necessários no século XXI como os livros de Delors (2002) e Morin (2002).

Para o ensino de história, a proposta curricular prevê, como em todo o documento, o aperfeiçoamento de competências e habilidades em seus alunos. Assim, para que se desenvolvam os conhecimentos históricos nos estudantes, é necessário desenvolver competências de "representação e comunicação, investigação e compreensão e contextualização cultural", o que implica o aluno saber ler, analisar, contextualizar e interpretar fontes documentais, dentre outras habilidades.

A formação da identidade cidadã dos jovens, de acordo com os princípios curriculares do Estado brasileiro, a partir das reformas dos anos 1990, busca estabelecer padrões de atuação, de convivência, de responsabilidade e de afetividade do indivíduo na sociedade. Homogeneízam-se valores e culturas, apesar de os documentos enfatizarem que o indivíduo constrói competências de percepção do diferente, da heterogeneidade e de semelhanças. A relação entre o diferente e uma identidade comum embasa, então, a proposta de construção da cidadania. Segundo os PCNs,

> a percepção da diferença (o "outro") e da semelhança ("nós") varia conforme a cultura e o tempo e depende de comportamentos, experiências e valores pessoais e coletivos. (...) A percepção do "outro" e do "nós" está relacionada à possibilidade de identificação das diferenças e, simultaneamente, das semelhanças. A sociedade atual solicita que se enfrente a heterogeneidade e que se distingam as

particularidades dos grupos e das culturas, seus valores, interesses e identidades. Ao mesmo tempo, ela demanda que o reconhecimento das diferenças não fundamente relações de dominação, submissão, preconceito ou desigualdade. (Brasil 2002, p. 302)

Ao ensino de história cabe o papel educativo, formativo, cultural e político, e sua relação com a construção da cidadania perpassa os diferentes períodos políticos da história da sociedade brasileira. Desse modo, nos PCNs, fica evidente a preocupação de localizar no campo da história questões que remetam ao tempo que vivemos, como a identificação da heterogeneidade, a distinção das particularidades da cidadania cultural, a política da convivência e da tolerância em relação ao diferente.

A proposta curricular nacional para a área de história, no ensino médio, evidencia dois discursos: a dimensão econômica, pois o desenvolvimento econômico e produtivo do Brasil depende de uma proposta que norteie a formação de competências e habilidades necessárias à constituição de um padrão de qualidade do trabalhador/consumidor para o mercado; e a dimensão política, que enfatiza a finalidade da formação básica para o exercício da cidadania.

A despeito da força e do poder de direção dos currículos prescritos, precisamos atentar para alguns aspectos na análise da disciplina escolar. Análises críticas e estudos das disciplinas, dos saberes e das culturas escolares (Chervel 1990; Juliá 2001; Chevalard 1991; Forquin 1992 e 1993) têm evidenciado que:

a) as disciplinas não são meros espaços de vulgarização de saberes, nem tampouco adaptação, transposição das ciências de referência, mas produtos dos espaços, das culturas escolares; acrescentamos: as disciplinas no Brasil não constituem canais diretos de transmissão de ideias e saberes de fora, exemplo disso é o papel de resistências e críticas assumido pelas disciplinas de educação moral e cívica e organização social e política na educação básica e de estudos de problemas brasileiros na educação superior, nos anos 1970, em várias realidades escolares;

b) os professores têm autonomia diante das demandas do Estado, da sociedade e dos meios de comunicação; assim, questionam, criticam e subvertem os saberes e as práticas escolares; concordamos com Juliá que, em muitas das nossas escolas, "a única restrição exercida sobre o professor é o grupo de alunos que tem diante de si, isto é, os saberes que funcionam e os que não funcionam" diante desse público (2001, p. 33);

c) entre os currículos prescritos e os vividos nas aulas de história, há diversas mediações entre os sujeitos (alunos e professores), os saberes de diferentes fontes (livros didáticos, fontes históricas, imprensa, textos, filmes, literatura, documentos e outros), as práticas institucionais burocráticas e comunitárias em contextos muito diferenciados, como demonstra a pesquisa de Aguiar (2006).

Portanto, "definir" o passado de que tratam os professores quando ensinam história entre as quatro paredes da sala de aula é mais complexo do que muitos supõem, pois as dimensões curriculares ora se aproximam, ora se distanciam, ora se contrapõem num movimento real e dialético, logo histórico.

Currículo para quem precisa

Quando discutimos currículo, evidenciamos como algumas formas de conhecimento têm mais legitimidade, maior poder e maior longevidade do que outras em nossa realidade. Se, no atual contexto em que se insere a educação, os objetivos, em geral, são exteriores à escola, é notória, de um lado, a rede de demandas atreladas a interesses voltados para o Estado, o mercado, a massificação e a homogeneização. De outro lado, as reivindicações de grupos sociais, comunidades locais, específicas para preservar e afirmar seus saberes, suas culturas e suas histórias no currículo escolar também se fazem presentes.

A produção e a transmissão do conhecimento histórico envolvem, necessariamente, relações de poder. Poder que se consolida em suas formas históricas de reprodução, ou seja, legitima-se em conhecimentos escolarizados e socialmente aceitos.

Finalmente, reiteramos as posições anteriormente assumidas. Em primeiro lugar: devemos auscultar o currículo vivido, as culturas escolares, os saberes, as concepções dos professores e dos jovens, os livros e materiais didáticos e paradidáticos, as práticas construídas e reconstruídas na escola e fora dela. As pesquisas sobre os currículos vividos nas escolas brasileiras revelam uma diversidade de modos de organização e seleção que difere e se distancia do prescrito em grande parte dos currículos elaborados pelas secretarias de educação e pelos PCNs. Exemplo disso é o guia de avaliação dos livros didáticos de história para as séries ou anos finais do ensino fundamental, publicado pelo MEC em 2007. Segundo o guia, entre 19 coleções, foi possível reunir "quatro blocos, de acordo com a organização de conteúdos: história temática (quatro coleções); história integrada (sete); história intercalada (sete) e história convencional (uma coleção)". Os avaliadores concluem:

> Percebe-se, nitidamente, que a maior parte das coleções inscritas neste PNLD foram elaboradas pela organização dos conteúdos que aborda concomitantemente às histórias da América, do Brasil e geral, sendo que metade por meio da história integrada e metade pela história intercalada, o que permite a conclusão de que essa é a tendência atual da área. (Brasil 2007, p. 13)

O guia do PNLD 2008 traz conclusões que evidenciam, nos últimos anos, um movimento no interior das escolas de escolha e uso de obras que legitimam essa concepção didática da história. A nosso ver, revelam a força dessa organização curricular, reafirmada em muitas das nossas escolas no contexto de revisão e críticas historiográficas e pedagógicas. As análises das obras mais solicitadas ao PNLD e mesmo de outras fontes bastante utilizadas, como as famosas "apostilas" em redes de ensino privado, demonstram que a opção de grande parte dos professores brasileiros não é pelo viés dos "eixos temáticos", mas pelo critério cronológico, seja na versão "integrada", seja na versão "intercalada" da história geral das civilizações, articulada à história do Brasil e da América.

Em segundo lugar, o professor não está sozinho diante dos saberes. Ele se relaciona com alunos que trazem consigo saberes, valores, ideias e atitudes. A consciência histórica do aluno começa a ser formada antes do processo de escolarização e se prolonga no decorrer da vida, fora da escola, em diferentes espaços educativos, por diferentes meios. É nas relações entre professores, alunos, saberes, materiais, fontes e suportes que os currículos são, de fato, reconstruídos.

Bernard Charlot (2001, p. 149), ao analisar os resultados de uma pesquisa sobre as relações dos jovens com o saber em diferentes países – Brasil, França e Tunísia – afirma:

> Os jovens já aprenderam muitas coisas antes de entrar na escola e continuam a aprender, fora da escola, ainda que freqüentem a escola – coisas essenciais para eles ("a vida"). Eles já construíram relações com "o aprender", com aquilo que significa aprender, com as razões pelas quais vale a pena aprender, com aqueles que lhes ensinam as coisas da vida. Portanto, sua(s) relação(ões) com o(s) saber(es) que eles encontram na escola, e sua(s) relação(ões) com a própria escola não se constroem do nada, mas de relações com o aprender que já construíram. Não se vai à escola para aprender, mas para continuar a aprender.

No campo do ensino e da aprendizagem da história, vários outros autores têm se dedicado a investigar as relações dos jovens com os saberes históricos.[3]

Por último, acreditamos que a construção de uma proposta curricular temática e multiculturalmente orientada, de uma perspectiva crítica e transformadora, depende de muito mais que uma reforma nos textos das diretrizes curriculares. Depende, entre outros fatores, de políticas de formação e profissionalização docente. Exige de nós, professores de história, sensibilidade, postura crítica e reflexão sobre nossas ações, sobre o cotidiano escolar, sobre as relações sociais e culturais que experienciamos no século XXI.

O debate permanente e coletivo sobre os processos de construção e reconstrução curricular, nos diferentes espaços de atuação, é formativo. Ajuda-nos a cultivar e defender atitudes de tolerância, solidariedade e respeito à diversidade, às diferenças, em diálogo crítico e permanente com as lutas pelo fim da desigualdade social e econômica em nosso país. Desafio político, tarefa de todos nós!

---

3. Exemplos são as obras das professoras portuguesas: I. Barca. *O pensamento histórico dos jovens*. Braga: Universidade do Minho, 2000; M. do C.M.E. Pereira. *O conhecimento tácito histórico dos adolescentes*. Braga: Universidade do Minho, 2003.

3
MATERIALIDADES DA EXPERIÊNCIA
E MATERIAIS DE ENSINO E APRENDIZAGEM

> *Ora, nesse catar feijão entra um risco:*
> *o de que entre os grãos pesados entre*
> *um grão qualquer, pedra ou indigesto,*
> *um grão imastigável, de quebrar dente.*
> João Cabral de Melo Neto, "Catar feijão"

Cultura material e metodologia da história

O ensaísmo marxista, desde meados do século XIX, interpretou o capitalismo visando à sua superação. Abordou o fazer-se material do homem comum (trabalho, alimentação, saúde, higiene, moradia, vestimentas etc.) como uma de suas problemáticas centrais, articulada em relações de propriedade e poder, e considerou seu presente como história (Engels 1975, Marx 1988). Friedrich Engels descreveu, no livro *Situação da classe trabalhadora em Inglaterra*, roupas, circulação de ar nas moradias, corpos e alimentação dos trabalhadores pobres, caracterizando, assim, como eles viviam naquele país desde a Revolução Industrial. Marx analisou, em *O capital*, como os meios de vida (comida, bebida, combustível) foram se transformando em mercadoria no mundo do capitalismo. Uma designação correntemente usada para essa tradição teórica, como se sabe, tem sido "materialismo histórico".

Na passagem para a década de 1930, os debates que marcaram a criação da "Escola dos Annales"– historiadores que criaram ou, depois, inspiraram-se na revista erudita *Annales*, que valorizava a problematização de diferentes temas, a universalização do conceito de documento histórico e a interdisciplinaridade – no espaço dos estudos históricos da erudição acadêmica francesa (logo apropriada mundialmente, inclusive por muitos historiadores marxistas) foram de grande importância para a consolidação de um conceito universalizante das fontes de pesquisa nessa área. Esses debates abarcaram vestígios de quaisquer fazeres humanos, muito além dos documentos textuais de arquivo, sem negligenciar estes últimos (Bloch 2002; Febvre 1977). Os artefatos e o próprio corpo de homens e mulheres passaram a ser debatidos como fonte de estudos históricos, junto com elementos da cultura escrita. Bloch (1982), ao pesquisar a sociedade feudal europeia, analisou técnicas de cultivo e outras dimensões dos usos da terra. Febvre (1970), em seu clássico estudo sobre Rabelais, destacou a importância do olfato (dentre outras experiências dos sentidos) para os homens europeus do século XVI.

No último terço do século XX, Jacques Le Goff e Pierre Nora incluíram, na trilogia *Faire de l'histoire* (*Fazer história*, título simplificado no Brasil para *História*, seguido dos subtítulos *Novos problemas*, *Novas abordagens* e *Novos objetos*), continuadora da tradição da "Escola dos Annales" e manifesto inaugural da nova história francesa, alguns ensaios que abordavam a historicidade com base em experiências ligadas à materialidade da cultura: "Os caminhos da história antes da escrita", de André Leroi-Gourhan (Le Goff e Nora 1976a, pp. 89-98); "A história dos povos sem história", de Henri Moniot (*ibid.*, pp. 99-112); "A arqueologia", de Alain Schnapp (Le Goff e Nora 1976b, pp. 1-20); "A demografia", de André Burguière (*ibid.*, pp. 59-82); "A arte", de Henri Zerner (Le Goff e Nora 1976b, pp. 144-159); "O corpo: O homem doente e sua história", de Jacques Revel e Jean-Pierre Peter (Le Goff e Nora 1976c, pp. 141-159); e "A cozinha: Um cardápio do século XIX", de Jean-Paul Aron (*ibid.*, pp. 160-185).

Um dos volumes dessa trilogia tem por subtítulo "novos objetos", mas nenhum fala em "novos sujeitos", a menos que assim consideremos os novos historiadores. Se aqueles "novos objetos" forem separados dos "novos problemas" e das respectivas "novas abordagens", a precoce velhice da nova história se revelará, escandalosamente, como mero empirismo mais ou menos sofisticado (identificação de assuntos e documentos), do qual não escaparia a cultura material. Entendemos que esses campos não podem prescindir de outras problemáticas de conhecimento histórico – classes sociais, gêneros, cotidiano, mentalidades, memória, imaginários etc. –, se quiserem preservar alguma densidade de reflexão. E os melhores trabalhos dessa tradição historiográfica têm garantido tais articulações. A história social inglesa (Edward Thompson, Christopher Hill etc.), revendo criticamente a tradição marxista, trabalhou aquelas problemáticas aliadas à grande riqueza de temas e documentos (Samuel 1984).

Os debates da nova história francesa e da história social inglesa retomaram tradições clássicas de pesquisa, representadas, no caso da cultura material, principalmente por arqueologia e história da arte, sem esquecer de história local e história dos costumes. Ao mesmo tempo, redirecionaram essas tradições: a arqueologia tendia, antes, a ser compreendida como adequada para as sociedades que legaram uma documentação escrita escassa, em virtude do caráter perecível de alguns de seus suportes (arqueologia clássica), quando não eram destituídas de escrita (arqueologia da chamada pré-história ou das sociedades tribais). Ela priorizou, durante bom tempo, o objeto de cunho artístico. A história da arte, por sua vez, foi isolada por muitos pesquisadores num plano de elevada espiritualidade da cultura, associada à vida de grandes artistas e aos estilos considerados mais marcantes; e as histórias local e dos costumes eram frequentemente ligadas a setores julgados "menores" da experiência social. Um historiador mais recente, como Raphael Samuel, que discutiu criticamente a história local, enfatizou o peso dos artefatos materiais, incluindo a paisagem, mesmo no trabalho com história oral (Samuel 1989/1990). É muito bom fazer essas aproximações, destacando sempre que a cultura material diz respeito a qualquer gênero e período de história.

Quando aqueles historiadores franceses da "nova história" (logo seguidos ou contestados por inúmeros colegas de outras nacionalidades) rediscutiram os referidos universos teóricos e técnicos, driblaram as hierarquias da erudição clássica e suas compartimentalizações, aproximando arqueologia e história da arte de muitas questões antes inexploradas por esses gêneros de conhecimento. Tenderam, ainda, a deixar de lado projetos políticos explícitos, centrais no viés marxista, o que se consolidou com a queda do bloco soviético, nos anos 1980 e 1990, e o argumento ideológico do *fim da história*, muito presente na imprensa periódica desde então. Apesar disso, algumas das questões debatidas pela tradição marxista continuaram a ser valorizadas por eles, desprovidas de sua original proposta anticapitalista. E a história social inglesa, de heterodoxa inspiração marxista, deu grande destaque à ação autônoma de grupos populares e ao seu cotidiano, atenta a múltiplos suportes documentais, evidenciando diversas as experiências dos sujeitos estudados, e ao diálogo entre lutas sociais do presente e do passado (Thompson 1987; Samuel 1984).

Cultura material e ensino de história

Os debates sobre cultura material (objetos de uso cotidiano, cuidados com o corpo, meio ambiente etc.) tornaram-se referências clássicas, tanto para a pesquisa acadêmica como para o ensino fundamental e médio de história, instâncias frequentemente justapostas por mestres e doutores que lecionam nesses níveis e por professores desse mesmo universo que cursam pós-graduação ou atuam noutros espaços de erudição, sem esquecer que a escola fundamental e a média têm uma erudição que lhes é própria, a cultura escolar.

Nos Parâmetros Curriculares Nacionais referentes a história, tais vínculos foram evocados com base na nova história francesa e na história social inglesa, mesmo que de forma ligeira (equiparação, sem mediações, entre o uso da minissaia e a realização de greves ou revoluções, por exemplo), além de enfatizar pouco, ou nem mesmo registrar, a importância de problematizar o presente de que se fala historicamente. Correu-se o risco, no ensino e noutros ramos de conhecimento histórico, de reduzir o trabalho com cultura material ao arrolamento (por vezes, apenas ilustrativo) de diferentes artefatos, sem pensar mais detidamente sobre sua situação num mundo de homens e mulheres que se relacionam por meio de símbolos e poderes e se fazem por diferentes vias (Ministério da Educação e Cultura 1998). Uma versão mais recente desse documento oficial, dedicada ao ensino médio, diminuiu as deficiências apontadas, embora o marxismo ainda seja apresentado apenas a partir do século XX, sem levar em conta os contextos e as problematizações de sua fundação (Ministério da Educação e Cultura 2002).

No plano da história imediata (o presente vivido por historiadores, professores e alunos), muitos exemplos de cultura material se encontram na própria sala de aula e nos corredores e arredores da escola: corpos humanos, roupas, móveis, equipamentos esportivos, alimentos. Essa amostragem, mesmo no limite do imediato, é muito restrita, considerando-se a infinidade de outras experiências que lhe são contemporâneas noutras escolas, noutras cidades, noutros países, noutras camadas sociais. E o conhecimento histórico ganha muito quando incorpora o imediato em seu universo, mas perde ainda mais se ficar restrito a esse mundo de forma unidimensional, como presente contínuo dos mesmos sujeitos e num espaço exclusivo. Um de seus objetivos no ensino de diferentes graus pode ser sair desse círculo vicioso, permitindo a compreensão de outras experiências sociais em diferentes temporalidades.

A cultura material, associada às outras problemáticas de conhecimento histórico, encontra múltiplos itens para reflexão em museus (instituições encarregadas da exposição, preservação e pesquisa de objetos de diferentes épocas), visitados pessoal ou virtualmente. Mesmo livros didáticos mais convencionais costumam apresentar fotografias e desenhos de alguns tópicos pertinentes à área, embora os explorem pouco. E o patrimônio histórico – edificado ou disperso em diferentes fazeres e saberes – contém inestimáveis elementos para a discussão daquele universo, possibilitando ao ensino de história se beneficiar da reflexão sobre objetos e experiências existentes no cotidiano de cidades e campos, em visita orientada a lugares adequados ao projeto de curso.

Como integrar no percurso didático do conhecimento histórico as evidências de cultura material que ultrapassam os corpos humanos e os objetos presentes em sala de aula, sem perdê-las de vista? Não pretendemos responder a essa questão com alguma saída universal. Entendemos que o melhor ensino de história ocorre em diálogos entre: o professor de história, o público com quem ele trabalha, a escola onde ele atua e as instituições especializadas do conhecimento histórico.

Compreendemos, ainda, a escola fundamental e média como espaço multidisciplinar de diálogo entre diferentes projetos de conhecimento e concepções de educação. Os professores e alunos convivem simultaneamente ao redor de várias disciplinas e várias definições do processo educativo.

Não se trata, portanto, de supor que todos os professores de história optarão pelo universo metodológico aqui abordado da mesma forma, nem que enfrentarão as consequências culturais e as políticas derivadas de algumas das opções feitas aqui.

Consideraremos, portanto, apenas uma situação hipotética do professor de história que faz um percurso de diálogo intradisciplinar (reflexão sobre possibilidades de seu próprio campo de conhecimento) e, depois, também multidisciplinar (reflexão sobre intercâmbios com outros campos de conhecimento) e de escolha pedagógica e política sobre possibilidades de trabalho no espaço escolar. Não esperamos, evidentemente, uma resposta comum de todos os professores para essas situações; tal cobrança anularia os atos de diálogo e escolha. Tomando por base nossas experiências na formação de professores de história e contatos com a prática desses profissionais, além de nossas práticas pessoais no ensino dessa disciplina para crianças, adolescentes e adultos, indicaremos algumas possibilidades de trabalho com a cultura material.

O trabalho do professor com as instituições especializadas de sua área de conhecimento – o que inclui historiografia, universidades, museus, bibliotecas, arquivos etc. – é uma necessidade básica de todo ensino de história. Essas unidades de pesquisa e divulgação do saber histórico não oferecem respostas prontas para as necessidades de cada grupo de alunos ou de cada professor; o diálogo com elas sempre requer o exercício do pensamento crítico e das opções interpretativas.

Quando se fala em cultura material, a primeira imagem que se forma é a do mundo dos objetos fisicamente palpáveis, tridimensionais: instrumentos de trabalho, utensílios domésticos, roupas, alimentos etc. Isso não é um erro, mas pode conduzir a equívocos: supor que a cultura material se encerra ali, que outras manifestações culturais são marcadas pela pura e imediata "imaterialidade".

Entendemos que aqueles e outros objetos não são simples "coisas", uma vez que fazem parte dos fazeres humanos, englobam saberes, aprendizados, ensinamentos e simbologias de várias naturezas. Uma panela, por exemplo, significa saber fazê-la ou poder ter acesso a ela já pronta, saber usá-la, pode ser suporte de memórias (originária de uma região do Brasil, no caso de panelas de pedra ou barro, ou de outro país, quando de alta tecnologia ou *design* avançado; ter pertencido a uma pessoa querida ou sido usada por ela). São coisas de pessoas e para pessoas. Existem num universo de imaginação e como potencialidades humanas.

A contrapartida desses artefatos físicos é o mundo da cultura, que não se configura imediatamente em objetos: uma prece, um desejo, uma lembrança, um medo ou um sonho, por exemplo. Mas, sendo também de e para pessoas, esse mundo se manifesta materialmente, tanto naqueles objetos como nos próprios corpos humanos – sensações físicas (frio na barriga, calores pelo corpo todo, relaxamento, euforia). Opor a cultura material a outra cultura "imaterial", portanto, é perder de vista imperativos humanos que percorrem todas as práticas culturais.

O museu e a cultura material

Ao discutirmos história, preservação documental e cultura material, uma instituição que se destaca para o ensino de história é o museu, tendo em vista seu importante papel de preservar e pesquisar acervos preciosos de objetos tornados raros (antigos, escassos, frágeis, fora de uso cotidiano), junto com arquivos e bibliotecas, que preservam, mais habitualmente, documentos escritos.

Quando se fala em museu, é mais imediato pensar em grandes instituições clássicas, internacionais, como o Museu do Louvre em Paris, o Museu do Prado em Madri, o Museu Britânico em Londres, o Museu de Antiguidades do Cairo, o Instituto Smithsonian em Washington ou, no Brasil, suas congêneres: o Museu Nacional no Rio de Janeiro e o Museu Paulista em São Paulo, dentre outros. São exemplos excelentes, com acervos fantásticos, mas um museu não é exclusivamente essa grandiosidade. Também uma pequena entidade municipal, de bairro ou até associativa, formada com um acervo que represente uma miscelânea sobre determinado agrupamento humano ou um campo de saber tem traços em comum com aquelas instituições monumentais: exposição de um conjunto de objetos, reflexão sobre a materialidade de sua área, critérios de seleção sobre o que merece estar no acervo e ser mostrado. Ao mesmo tempo, os museus se diferenciam entre si por seus projetos, que incluem tanto concepções de história quanto o apelo a diferentes recursos expositivos e a outras atividades.

A face mais visível dos museus, grandes ou pequenos, é essa coleção, seu acervo exposto. Ela apresenta, habitualmente, objetos bonitos, espetaculares, raros – em geral, de épocas passadas. Precisamos ter em conta, todavia, que um museu não é exclusivamente esse acervo em exposição e é muito comum ele possuir um conjunto de materiais ainda maior fora de seus mostruários e espaços de exibição, por diferentes motivos.

O acervo exposto exige recursos de visibilidade, de circulação do público; não dá para colocar na mostra tudo que existe na instituição, sob pena de transformar o museu num amontoado sem pé nem cabeça. Parte do material que está fora de exposição, a reserva técnica, encontra-se nessa situação por falta de espaço naqueles ambientes. Os bons museus renovam as mostras frequentemente, para dar uma chance ao público de ver as peças ausentes de circulação. Outra parcela da coleção se encontra nesse estado porque não reúne condições para ser apresentada: sofreu desgastes, está sendo restaurada ou permanece na reserva técnica para ser mais bem preservada, uma vez que a exposição pode suscitar maior fragilidade numa peça que pode já estar em processo de degradação. Isso não é um material "morto", pois faz parte do acervo geral do museu, pode vir a ser exposto novamente.

O museu é uma instituição de pesquisa, dotada de um acervo que não está lá apenas para ser exposto, mas também para ser estudado, conservado e restaurado. Os materiais de diferentes épocas sofreram diferentes ações de desgaste: naturais (oxidação, mofo), acidentais (incêndios, enchentes, quedas etc.), destrutivas deliberadas (vandalismo) ou de preservação ou restauro equivocadas. Essas peças são trabalhadas pelos pesquisadores em busca de novos conhecimentos sobre as sociedades de onde provieram, e também para restauro e preservação – conserto de estragos, para que o material seja reaproveitado em exposições e pesquisas na prática cotidiana do museu.

É necessário pensarmos também sobre outros papéis sociais frequentemente assumidos pelos museus, que não dizem respeito apenas a pequenas instituições.

Etimologicamente, a palavra museu deriva de *musa* (na mitologia greco-latina, uma divindade inspiradora), como se ele fosse a casa das musas, um lugar dos saberes, dos conhecimentos elevados, um local onde diferentes materiais, considerados significativos para uma sociedade, são preservados e expostos como fontes de inspiração e incentivo para novas grandezas surgirem.

Vivemos em sociedades marcadas pela desigualdade entre os homens, pela hierarquia entre grupos sociais, pela exclusão de uns por outros, pela luta de classes. Isso significa que os museus, frequentemente, têm um olhar mais atento para o mundo dos grupos sociais privilegiados, bem representados em seus acervos, quando não aparecem como se fossem tudo o que interessa para aquela sociedade, como exemplo do que ela teve e tem de melhor.

Isso não é feito, na maior parte do tempo, de maneira consciente e deliberada pelos profissionais que ali atuam. Muitos museólogos não pensam que estão trabalhando para celebrar os grupos sociais dominantes de diferentes épocas da história – incluindo os de seu presente; os museus costumam reunir profissionais sérios, dedicados, preocupados com seu campo de conhecimento e com aquele acervo como coleção significativa para a área de saber ali abordada, bem como para o público mais geral.

Os museus, para sobreviverem institucionalmente (financiamento de atividades e funcionamento cotidiano), precisam convencer órgãos governamentais e privados de sua importância, e esse convencimento se faz, em alguns momentos, em sutis jogos de celebração de quem domina política e socialmente. Tanto um museu de grandes dimensões quanto um museu pequeno vivem situações dessa natureza, quase nunca deliberadamente escolhidas pelos profissionais que ali atuam, mas inerentes a sua existência e a sua sobrevivência, mesclando objetivos de pesquisa a fins ideológicos, cívicos e comemorativos. Um equilíbrio nesse jogo, com o predomínio da produção de conhecimento crítico, será maior quando os profissionais não se sentirem sozinhos na condição de pessoas que pensam sobre os destinos da instituição e da memória que ela expõe e analisa, quando também os usuários forem assumidos (ou se assumirem) como pensadores da entidade, junto com os profissionais, ultrapassando a exclusiva identidade de usuários.

Acompanhando crianças da escola básica e fundamental ou adolescentes mais crescidos e mesmo adultos em visitas a museus espetaculares, observamos neles deslumbramento, fascínio que, às vezes, os levam a conclusões do tipo: "Nossa, como era legal viver no Brasil [ou no Egito, na Espanha, na Itália, ou em qualquer outro país do mundo] nessa época, olha que joias bonitas [que, em alguns casos, até foram doadas pelos herdeiros de seus antigos proprietários, com pedras preciosas fascinantes, trabalho de ourivesaria etc.], que roupas fantásticas!".

Joias, roupas (vestidos de baile, casacas de conselheiros do império e outros nobres de época, ricos enxovais de batismo), móveis, veículos (carruagens forradas de couro, algumas revestidas de veludo, para citar itens presentes no acervo do Museu Paulista de São Paulo), um deslumbramento, um espetáculo da beleza do passado, uma "maravilha de cenário", relembrando o samba clássico de Silas de Oliveira "Aquarela brasileira". Conclusão: como o passado era legal!

Isso não é tolice de crianças, pré-adolescentes ou adultos leigos, eles estão fazendo um comentário condizente com o que muitos museus costumam enfatizar: o espetáculo dos grupos sociais dominantes e de suas instituições. A superação desse quadro dependerá de vários fatores, englobando a ação de museólogos, profissionais externos ao museu, usuários, leigos questionadores. Trata-se de explicar a presença dos grupos dominantes em diferentes sociedades, junto com outros grupos. E nesse esforço explicativo, é importante procurar entender o universo da cultura material à luz das outras modalidades de documentos históricos e também do conhecimento produzido por diferentes estudiosos.

Há alguns anos (década de 1990), o Ministério da Cultura montou uma exposição itinerante, "Tesouros do patrimônio", com materiais de várias instituições museológicas e similares – incluindo cinematecas, bibliotecas e arquivos –, pertinentes à preservação e à pesquisa do patrimônio artístico, histórico e cultural do país. Numa das salas, os organizadores da mostra colocaram, lado a lado, um vestido de baile de uma dama do segundo império brasileiro (tecidos preciosos, bordados, pedrarias), um vestido de princesa de maracatu (tecidos vistosos, baratos), uma bandeja de prata de lei, ricamente trabalhada, e um daqueles instrumentos de torturar escravos. Promoveu-se, portanto, o encontro entre formas de beleza pertencentes a diferentes camadas sociais (os vestidos, a bandeja) e um instrumento de tortura, com a lembrança de que a refinada elite existia junto com os escravos, que, além de serem torturados, produziam beleza e memória.

Tal combinação foi uma experiência muito estimulante para se pensar como é que essas realidades eram constitutivas umas das outras, como é que o vestido de baile da dama não existiria se não houvesse a escravidão, como é que a bandeja de prata não teria sido feita se não existissem escravos torturados, como é que a princesa de maracatu não apareceria sem haver a memória da escravidão e o esforço dos escravos para produzir beleza, como é que o escravo sofria violências físicas, mas também preservava o belo, evidenciando o direito a esse universo e a capacidade de sua produção, mesmo em péssimas condições de existência.

Esse encontro reflexivo nas exposições museológicas nem sempre é o mais comum. Muitos dos museus brasileiros e estrangeiros não costumam fazer tais comparações, eles caminham mais na direção do espetáculo homogeneizado, da beleza dos grupos sociais dominantes do passado (e, subliminarmente, do presente e do futuro) como padrão exclusivo de sociabilidade, silenciando sobre o restante.

Frequentemente, os acervos dos museus são apresentados como amostragens da sociedade toda. Pode ser muito interessante expor e fazer pensar sobre um universo que é dos grupos sociais dominantes ou médios, de quem – no Brasil, por exemplo – tinha dinheiro para comprar objetos caros, importados ou produzidos localmente, e não é por isso que a coleção se tornará menos importante. Faz falta, todavia, organizar o acervo para que ele seja visto de maneira reflexiva, para ir além de um passeio descompromissado ao redor da beleza daqueles objetos e desenvolver pensamentos sobre aqueles objetos e os seres humanos que puderam ou não possuí-los e usá-los.

Um museu de grande porte: O Museu Paulista ou Museu do Ipiranga em São Paulo

Existem esforços estimulantes nessa direção, que combinam acervos espetaculares, onde predominam objetos do cotidiano de elite, com recursos expositivos capazes de dialogar com outras experiências sociais e com o estado atual do conhecimento histórico. Tomaremos o Museu Paulista da Universidade de São Paulo, também denominado Museu do Ipiranga por seus usuários, como um exemplo de instituição dessa natureza.

O Museu Paulista está instalado num bonito edifício, constituindo-se em monumento comemorativo ao local onde, presumivelmente, proclamou-se a independência do Brasil em 1822. O prédio foi inaugurado em 1890, como Memorial da Independência, e transformado num museu geral entre 1893 (decreto) e 1895 (inauguração da exposição). Ele pode ser acessado eletronicamente no *site* www.mp.usp.br e pelo *e-mail* mp@usp.br.

Passaram por sua direção importantes historiadores, como Afonso de Taunay (de 1917 a 1945), responsável pelo maior peso atribuído ao acervo histórico, arqueológico e etnográfico; Sérgio Buarque de Hollanda (de 1945 a 1956); Ulpiano Toledo Bezerra de Meneses (de 1989 a 1994); e José Sebastião Witter (de 1994 a 1999), que introduziram significativas mudanças no plano conceitual do museu e em seus estilos de exposição.

Antes mesmo de o visitante entrar nas salas de exposição, o Museu Paulista já impressiona pela beleza dos jardins (com árvores, gramado, espelhos e jatos d'água), pela imponência do prédio, pelo grande parque onde está localizado, que inclui um monumento escultórico em homenagem à independência, além da "Casa do Grito" (um rancho do final do século XIX identificado, durante muito tempo, à pequena edificação que figura no quadro de Pedro Américo sobre a proclamação da independência). Esse museu e seu entorno (jardim e parque) atraem grande público, incluindo turistas nacionais e estrangeiros.

Ao se entrar no prédio, essas impressões continuam, pois é um edifício em estilo renascentista, com colunas coríntias, corredores e salas onde se encontram expostos diferentes objetos, além de uma decoração permanente (esculturas, pinturas etc.) alusiva aos principais temas ali abordados. No próprio *hall* de entrada, a sensação é reforçada pelas grandes esculturas que representam bandeirantes, introduzindo um importante assunto desse museu: São Paulo como formador do Brasil. Nesse sentido, o prédio e sua decoração já constituem tópicos de cultura material, objetos merecedores de uma visitação reflexiva, porque oferecem uma determinada compreensão da história.

O museu se dedica ao Brasil e a seus laços com o mundo, com um acervo especialmente representativo do período colonial e do século XIX. Os vasos com água dos rios de todo o território nacional, em suas escadarias, são outro tópico decorativo e conceitual para lembrar os vínculos entre a formação do país e a existência de São Paulo. Na escada que conduz ao salão nobre do museu (onde se encontra a famosa pintura de Pedro Américo sobre o grito do Ipiranga), outros quadros e referências nos fazem lembrar desse papel central de São Paulo na definição do Brasil – menções ao papel dos paulistas na criação de capitanias (depois, províncias e estados) de várias regiões, por exemplo. Junto com isso, o tema da independência é reforçado em brasões que registram etapas desse processo: 1720 (Revolta de Felipe dos Santos), 1789 (Inconfidência Mineira), 1817 (Revolução de Pernambuco) e 1822 (Independência). Embora o prédio tenha sido concebido originalmente como autocomemoração da monarquia, sua inauguração e, depois, transformação em museu já no período republicano contribuíram para que aquelas referências, demonstrativas de tensões com a metrópole e evocativas de sangrentas repressões da Coroa contra os pioneiros do processo, fossem associadas à proclamação da independência por um membro da família real portuguesa.

Quando o visitante entra num grande museu, como o Museu do Prado, em Madri, ele experimenta uma sensação de deslumbramento, e até demora para se recuperar. A sala onde está exposta *A maja desnuda*, de Goya, e a sala que abriga *As meninas*, de Velásquez, suscitam fascínio (pela beleza dos quadros, pela emoção do contato direto com eles), que é lógico, normal e até necessário. Sentimentos semelhantes ocorrem no espaço onde está exposta *A Gioconda*, no Museu do Louvre, em Paris, nas galerias de ânforas gregas do Museu Britânico, em Londres, nos ambientes do Museu do Cairo dedicados ao tesouro de Tutankamon e, talvez mais modestamente, nos corredores da Pinacoteca do Estado, em São Paulo, ou nas salas do Museu Nacional de Belas Artes, no Rio de Janeiro. Outros museus, não necessariamente dedicados às artes, provocam reações semelhantes, por diferentes motivos, que podem incluir medo e horror: os grandes fósseis no Instituto Smithsonian, em Washington, os instrumentos de tortura no Museu da Inquisição, em Lima etc. Com o Museu Paulista, não é diferente. O ruim é ficar só nessa experiência de encanto e deslumbramento. Na condição de professores de história, e acompanhando nossos alunos, é preciso ir além.

Como todo museu moderno, o Museu Paulista modifica com frequência os tópicos selecionados para exposição e o próprio estilo organizativo da mostra. Um dos autores deste livro conheceu a instituição em 1967, quando sua coleção ainda abrigava muitos itens de arqueologia e etnografia indígena. No final do século XX, o museu passou a concentrar exclusivamente a coleção considerada "de história", e aqueles outros tópicos foram assimilados pelo Museu de Arqueologia e Etnologia da Universidade de São Paulo. Para fazer esses breves comentários, revisitamos o Museu Paulista em maio de 2006.

A exposição atual do Museu Paulista é organizada em espaços temáticos, relacionados a alguns campos contemporâneos do conhecimento histórico (à história da vida privada e do cotidiano, principalmente), como "Transporte e higienização", "Cartografia de uma história", "Caminhos e caminhantes: as vivências no sertão" e "De pratos, elixires e urinóis", dentre outros. Junto com itens da cultura material, existem painéis fotográficos, cartográficos e textuais, explicando cada conjunto e estabelecendo relações com experiências sociais dos respectivos períodos e com a historiografia que lhe é dedicada.

Esse recurso expositivo é muito interessante para enfrentar um risco. A cultura material parece pouco visível no uso cotidiano: quando usamos um prato, um ônibus ou uma cadeira, pouco pensamos sobre seus significados históricos. Nos museus, ela se torna muito visível, pela beleza ou pela raridade dos objetos, e seu uso cotidiano é menos enfatizado. Naqueles espaços temáticos do museu, a dimensão do uso e suas articulações são reintroduzidas e aprofundadas por alguns elos interpretativos.

Durante sua longa gestão no Museu Paulista, que abrangeu o ano do centenário da independência, Afonso de Taunay reuniu ali pinturas históricas já existentes e encomendou muitos outros exemplares desse gênero artístico, atuando mesmo como uma espécie de "orientador" (no sentido universitário) ou "diretor" (no sentido teatral ou cinematográfico) dos pintores, indicando temas e aspectos a serem destacados nas obras. Esse acervo está espalhado pelos vários ambientes do museu, junto com quadros que retratam personagens da elite paulista e imagens sagradas (católicas) que chegaram à instituição por doações.

A pintura histórica ali concentrada apresenta temas e momentos da história de São Paulo e do Brasil. Ela permite avaliar como a memória se organizava artisticamente na época em que os quadros foram feitos. Essa pintura é entendida por alguns visitantes, às vezes, como um registro da história "tal como aconteceu", e não como interpretação própria da época em que a pintura foi feita. Sua vizinhança, no museu, a tópicos da cultura material dos períodos que lhe serviram de referência pode ser enriquecedora para desfazer idealizações daquela memória, como é o caso de bandeirantes que mais parecem, em certos quadros, nobres das cortes europeias dos séculos XVII e XVIII. Ao mesmo tempo, ela nos convida a pensar sobre o visual não como "registro fiel" de um tema, mas, sim, como interpretação ativa desse assunto, constitutiva de relações simbólicas de poder no momento de sua realização e também enquanto servir de referência artística e cultural. Daí, a grande importância da datação precisa das obras em relação aos temas e mesmo às fontes visuais que usaram como ponto de partida: uma pintura do século XX, baseada em uma gravura da primeira metade do século XIX, não pode ter o mesmo significado que a imagem mais antiga.

O Museu Paulista mescla, portanto, um projeto cívico (comemoração da independência, das bandeiras e da grandeza de São Paulo) a um acervo de cultura material e a uma coleção de pinturas sobre tópicos daquele projeto e desse acervo. Na coleção de objetos dos períodos colonial e imperial, destacam-se itens pertencentes à vida privada dos grupos socialmente privilegiados, frequentemente objetos luxuosos e requintados, como móveis, adornos domésticos, joias, veículos, roupas. São raros, ou mesmo inexistentes, os itens similares referentes aos grupos sociais inferiorizados socialmente, mesmo porque, até pouco tempo, esses tópicos não costumavam ser preservados nem considerados preciosos, dignos de figurarem numa instituição museológica dedicada à história. É claro que o material reunido nesse e noutros museus sobre as elites sociais é muito importante para compreender a vida desses grupos e os aspectos do conjunto da sociedade, requerendo, todavia, um trabalho de interpretação para não transformar o acervo em vasta propaganda de uma classe social. O Museu Paulista evidencia esforços interpretativos em seus painéis e mesmo no contraste que algumas idealizações da pintura histórica têm realçado pelo confronto com os objetos de época que abordam.

Um museu menor: O Museu Histórico Aurélio Dolabela em Santa Luzia, MG

Se formos a museus mais modestos, de cidades pequenas ou bairros de metrópoles, encontraremos nos acervos, habitualmente, roupas e móveis de pessoas ricas, joias e retratos de gente poderosa, de maneira menos mediada que o observado no Museu Paulista. E tudo isso pode aparecer na condição de imagem geral da cidade ou do bairro, como se a sociedade fosse somente o que está ali presente ou como se interessasse, na sociedade, apenas aquilo.

Santa Luzia é uma cidade da Grande Belo Horizonte, com 184 mil habitantes (dado de 2000), com uma bonita igreja colonial (Nossa Senhora do Rosário, de 1755) e um museu histórico (Casa da Cultura/Museu Histórico Aurélio Dolabela) em frente à igreja. No acervo do museu, existem roupas de pessoas ricas, móveis e adornos desse mesmo universo social, incluindo o retrato de uma senhora de família poderosa do presente ou do passado recente, em Veneza (Itália), numa viagem turística. Essa fotografia é um exemplo muito claro de como um museu transfigura os grupos sociais dominantes em resumo da sociedade, como se toda a sociedade fosse somente isso.

Não pensamos que uma foto dessa natureza deva estar ausente do museu. Pode e até deve estar lá, sim, junto com roupas, joias, móveis e veículos daquele setor da sociedade, desde que não se promova a descontextualização social desses objetos e de seus proprietários originais. A ocorrência daquela viagem (ou de uma peruca, uma joia, um automóvel) se dá num mundo marcado pela existência de pessoas – a maioria – que nunca viajaram para o exterior, nunca usaram aquelas roupas, nunca sentaram numa poltrona daquelas, nunca comeram nem beberam o que esteve contido naqueles pratos e copos requintados. Raciocínio semelhante pode ser aplicado a sociedades bem mais afastadas no tempo.

É ótimo que membros das elites econômicas e sociais tenham a grandeza de espírito de, em vez de venderem uma joia valiosíssima para uma casa de leilões, doarem-na para um museu. Isso representa um espírito público louvável. O problema é quando o espírito público se traduz prioritariamente em autopromoção pessoal, familiar e de classe, talvez até de maneira não consciente, mas com efeitos autoenaltecedores muito precisos. O conhecimento histórico precisa evitar ser confundido com esses rituais. E a articulação entre acervos, outros documentos e saber acumulado sobre aquela sociedade é o caminho adequado para isso.

Reiteramos que a maior parte dos trabalhadores dos museus não está ali querendo fazer a louvação dos grupos sociais dominantes nem de interesses privados similares. Há mesmo um esforço desses pesquisadores no sentido de preservar os objetivos específicos de seu trabalho no campo do conhecimento, que incluem atenção aos mais diversificados grupos humanos e experiências sociais.

O museu e outros campos de conhecimento histórico

Não se trata, também, de pensar em fechar os museus, jogar fora esses acervos, menosprezar seus materiais – como o dadaísta Marcel Duchamp anunciou, num contexto de militância artística radical, ao evocar o tempo da Primeira Guerra Mundial e salientar a falência da civilização ocidental e propor que as telas do Museu do Louvre servissem de forro para tábuas de passar roupas.

As coleções museológicas são conjuntos de documentos históricos muito importantes, a serem pensados em seus contextos sociais. Não é o caso de, obrigatoriamente, haver um chapéu de palha de trabalhador pobre numa vitrine do Museu Paulista que reúna chapéus de consumo mais elitizado, mas quem vê uma coleção de adereços dos homens ricos precisa levar em conta a existência de outros grupos humanos, pensar sobre o imediato do acervo e seus contrapontos possíveis: nem todo chapéu era como aqueles em exposição, nem toda cadeira era como aquelas apresentadas, a maior parte da população, no século XIX, jamais entrou numa carruagem nem andou de liteira. Nesse sentido, como num filme, interessa tanto o que aparece na exposição quanto o extracampo, o que não é mostrado, mas continua importante para entender os significados daquilo que aparece.

O museu é, na maior parte das vezes, uma coleção de objetos raros, tornados escassos por sua antiguidade, por seu valor de mercado, que merecem ser abordados como objetos de pensamento, tarefa dos profissionais de história e de toda pessoa dotada de espírito crítico. Na maior parte do tempo, os museus são visitados turisticamente. Não há nada de errado no turismo como atividade de lazer, mas é necessário, ao trabalhar como profissional de história, ir além de um olhar que apenas passa por aquele amontoado de objetos e não se detém para pensar sobre qual é o discurso que cada um deles está fazendo a respeito das sociedades humanas, mesmo porque a grande quantidade de itens em museus suntuosos (as salas de ânforas gregas no Museu Britânico, por exemplo) é um convite para a perda de percepção daqueles objetos, quando vistos ligeiramente: depois da décima ânfora (ou quaisquer outros artefatos), no mínimo, as diferenças vão se esvaindo.

Qual é o Brasil que emerge de uma visita ao Museu Paulista ou ao Museu Nacional? Qual é o Egito que resulta de uma visita ao Museu de Antiguidades do Cairo, ao Museu do Louvre, ao Museu Britânico ou ao Museu Metropolitano? Qual é a Santa Luzia que se aprende numa visita ao museu da cidade?

Essas indagações têm de estar presentes no trabalho de ensino e pesquisa de história, para evitar que o museu se mantenha apenas como espaço turístico ou de lazer, igual a qualquer outro lugar dessa natureza, sem diferenças em relação a uma visita ao *shopping*, ao supermercado, ao parque de diversões. E para garantir que os itens de cultura material ali reunidos façam parte da experiência de aprender história.

Uma ida ao museu, como profissional de história, sozinho ou acompanhando alunos, é um ato reflexivo: precisamos pensar e fazer pensar sobre o que é aquele espaço, o que é aquela instituição, o que são seu acervo (a cultura material de diferentes épocas) e suas atividades. Os museus – particularmente, os monumentais – têm um caráter espetacular que não pode nem deve ser apagado (precisamos interpretar historicamente as razões dessa monumentalização do prédio e de seu acervo), mas é muito importante ultrapassar isso, pensando sobre o que é aquele monumento, para quem é aquele monumento e como ele se relaciona com um processo de conhecimento em história.

Num ensaio sobre a riqueza baiana no século XIX, a historiadora Kátia Mattoso (1997) realçou a complexidade das relações entre senhores e escravos, citando o refinamento das roupas e adereços de alguns cativos, que chegavam a incluir joias de alto valor. Joias e outros ornamentos caros usados por esses escravos foram representados em desenhos, gravuras e pinturas por artistas de diferentes nacionalidades que estiveram na América portuguesa naquela época, bem como por artistas brasileiros, depois. Não costumam ser encontrados, todavia, em museus e instituições similares, nesta condição: "Objetos de alto valor que foram usados pelo escravo X ou pela escrava Y". Joias, veículos, móveis e roupas de luxo que pertenceram a pessoas abastadas da mesma época (a baronesa K, o ministro L – algumas delas, certamente, proprietárias de escravos semelhantes àqueles) fazem parte do acervo de importantes museus históricos brasileiros e têm a identidade de seus donos originais registrada. Por que essa diferença de destino?

A resposta pode dizer respeito à própria relação de propriedade: tais joias não pertenciam aos escravos, eles mesmos eram propriedades de outras pessoas. As joias e os outros objetos preciosos que chegaram aos museus, o mais frequentemente, foram doadas por herdeiros de seus proprietários originais, que, assim agindo, demonstravam espírito público (poderiam ganhar muito dinheiro se os vendessem no mercado de antiguidades) e vontade de ter reconhecida uma imagem de origem nobre (não é qualquer um que possui objetos tão preciosos, herança de família, e pode abrir mão de seu valor comercial para, em troca, ser nobilitado no acervo de uma instituição respeitável como um museu histórico; é melhor que árvore genealógica duvidosa). Houve casos de escravos que conquistaram a alforria e até enriqueceram, certamente. É possível que pertences deles (roupas, joias, móveis, adereços domésticos) até cheguem a museus, mas na condição de objetos de pessoas livres e ricas.

Apesar disso, o comentário de Mattoso sobre o aspecto luxuoso de alguns escravos merece atenção, embora não se possa contar com as evidências materiais de joias e roupas caras por eles usadas, exceto naqueles registros artísticos. Mesmo sem possuírem tais objetos nem poderem legá-los como herança a seus descendentes, os escravos deviam sentir prazer em seu uso, índice de autoestima e do convívio com a beleza. Rememorando a exposição "Tesouros do Patrimônio", nos maracatus, cortes negras se apresentavam e apresentam em cortejo festivo com roupas que remetem ritualmente a suntuosidade e riqueza (Câmara Cascudo 2001). Escravos podiam se ver, portanto, como pessoas belas e dignas de ornamentos que evocavam o direito ao esplendor. Esse exemplo reforça a importância de pensar no acervo do museu em conexão com objetos dele ausentes e por meio da historiografia disponível sobre seus temas.

Museus, arquivos e bibliotecas têm uma faceta autocomemorativa, festejando-se como lugares privilegiados do conhecimento (casas das musas) onde está o acervo sobre determinados assuntos. No entanto, muitos tópicos essenciais podem não se fazer presentes, de forma direta, naqueles universos. Não dá para deixar que o museu, o arquivo ou a biblioteca pensem por nós, professores e alunos. É preciso problematizar os acervos de cultura material, assim como problematizamos um discurso presidencial, uma prece ou um poema na condição de documentos históricos, assim como problematizamos um livro ou um artigo erudito sobre determinado assunto.

Naquelas instituições, profissionais de história e áreas correlatas problematizam saberes, escolhem documentos, selecionam temas, elaboram hipóteses de trabalho. Novas indagações, derivadas de problemáticas construídas por qualquer pessoa que assuma o desafio do pensamento crítico, podem iluminar a importância de materiais obscuros, pouco destacados, às vezes nem catalogados, embora até disponíveis em fundos arquivísticos, bibliotecas e museus. Ou, quando inexistentes nesses lugares, conhecidos pelo professor com base em outras fontes de estudo.

Essas instituições passaram por debates e reformulações significativas. Junto com o museu clássico – que continua a existir e merece todo o respeito por abrigar materiais preciosos –, existem outras modalidades de museus, como aqueles sem acervos, que são lugares de referência para um tema ou problemática de conhecimento e um convite à reflexão sobre um personagem, um período ou um campo de interesse.

O Museu da Diáspora, em Israel, é dedicado a um assunto de grande importância para a identidade judaica e não tem praticamente nada de acervo de época (uma exceção é uma Torá medieval europeia), expõe materiais explicativos (gráficos, pinturas, fotografias, objetos tridimensionais etc.) sobre momentos diferentes da história daquele povo, sua dispersão na Europa, na Ásia, na África e nas Américas, diferentes tipos físicos de judeus – contra a imagem nazista e antissemita em geral de que todo judeu tem um biótipo fixo –, retratos de personalidades judaicas (nenhuma mulher, certa flexibilidade política e intelectual em relação a homens ilustres, pois inclui Marx, Freud e Einstein, por exemplo).

Existem, ainda, museus em ambientes abertos, que abrangem sítios arqueológicos, paisagens etc. Não é abusivo identificar itens de memória pessoal ou familiar (fotografias, objetos de estima) como micromuseus, o que, nessa pequena escala, ajuda a entender todos os homens e mulheres como portadores e preservadores de acervos significativos.

Essas situações se articulam com o repensar das relações entre público e instituição, encarando esses dois agentes como coparticipantes na definição de rumos e responsabilidades do museu. Nesse sentido, algumas iniciativas de diferentes setores da sociedade, inclusive dos mais pobres, redesenham os museus, os arquivos e as concepções de patrimônio histórico e cultural como lugares de memória e dimensões de identidades.

No Brasil, os terreiros de candomblé começaram a ser vistos e tombados como patrimônio histórico apenas na segunda metade do século XX, embora já não existisse criminalização das religiões africanas havia algumas décadas. Isso não impediu que os praticantes de candomblé tratassem, desde antes, aqueles espaços como lugares privilegiados de memória, incluindo um acervo de sua tradição – pinturas e esculturas, aspectos da natureza (fontes naturais de água, plantas) etc. Hoje, existem museus específicos para essas tradições culturais, além de museus gerais as incorporarem mais livremente, o que não diminui a importância daquela preservação de acervos pelos próprios núcleos que as mantiveram e mantêm.

Alguns grupos e movimentos sociais dos setores sociais dominados são muito ciosos da preservação de suas memórias em determinados acervos: fotografias, panfletos, recortes de jornais, objetos etc. Isso se observa em relação a movimentos pela saúde popular, de luta pela terra urbana ou rural, associações de minorias discriminadas e outros. Muitos desses acervos não têm necessariamente sedes físicas específicas, são conservados em casas, guardados em pastas, malas.

Todo museu é museu de algo – história, zoologia, artes etc. – e, simultaneamente, museu de si mesmo. O museu preserva seu papel o tempo todo, e isso não é um mal. Pelo contrário, é um papel necessário: conservar, expor e pesquisar um acervo. Todavia, é importante também que se reflita sobre essa condição. Um grande risco no contato com museus, arquivos e bibliotecas é o historiador, o professor e seus alunos virarem instrumentos dessas instituições e repetirem automaticamente o discurso que elas fazem sobre si mesmas.

Tomando-as também como autorreferidas, refletindo sobre essa autossinalização, poderemos agir num processo coletivo de acesso, sistematização, ampliação de contatos, interferência ativa e reflexão sobre os universos da história e da preservação patrimonial. Não seremos coisificados pelas coisas.

Faces materiais do ensino de história

Assim como os museus nos ensinam que a história pode ser aprendida nos objetos mais corriqueiros da vida cotidiana – cadeiras, calçados, panelas –, esses objetos podem nos servir de inspiração para pensar sobre a multiplicidade de expressões materiais do ensino de história.

Estamos mais habituados a alguns recursos clássicos no ensino dessa disciplina: livros didáticos e paradidáticos, aulas expositivas. Já introduzimos mais frequentemente filmes e vídeos como complementos de nossas aulas. É claro que continuaremos a usar aqueles livros, bem como a ministrar aulas expositivas. Falta afirmar mais claramente a universalidade de materiais e linguagens nesse processo, que nunca prescindirá dos mais tradicionais como veículos e instrumentos de análise. Junto com as aulas, a identificação de leituras complementares, a organização de exposições e a realização de visitas a locais pertinentes a temas estudados são procedimentos de trabalho sempre interessantes, desde que articulados a um projeto de curso e a um processo de entendimento das experiências históricas.

A crítica aos livros didáticos, durante muito tempo, incidiu sobre a má qualidade historiográfica da maioria deles. Esse comentário foi e continua a ser necessário, sem que se perca de vista a existência de livros melhores e piores nem a necessidade de todo material didático estar compreendido como parte da aprendizagem, e não como lugar totalizante de sua realização. Mesmo um bom livro didático terá efeitos prejudiciais, se não for entendido como um instrumento a mais nesse processo, que depende de outras leituras, da interpretação de diferentes fontes de época (incluindo a cultura material) e do diálogo entre professores e alunos.

Em algumas escolas, a existência da sala-ambiente para cada disciplina é um recurso frutífero para colocar em cena a multiplicidade de materiais envolvidos nos atos de ensino e aprendizagem. Alunos e professores convivem com diferentes livros e objetos adequados a seu campo de estudos, resultando dessa prática uma compreensão da aprendizagem como processo aberto, tanto pelos materiais envolvidos como pela ação interpretativa permanente dos sujeitos ali atuantes.

A existência de materiais didáticos produzidos pelos próprios professores é também salutar, desde que não se percam de vista as articulações com outros materiais já existentes ou em processo de elaboração. Daí, o caráter muito positivo da formação permanente do professor, entendida não como "correção de deficiências", e sim como participação desse profissional no processo de expansão de sua área de saber. A insegurança frequente dos alunos em relação ao conhecimento histórico e a sensação de não conhecer "toda a história" podem ser trabalhadas, de maneira afirmativa, como situação compartilhada mesmo por profissionais experientes da área, uma vez que o saber nunca está completo, sempre entramos em contato com novas informações e novas interpretações.

A divisão com os alunos dos atos de produzir a materialidade do ensino (leituras, painéis, vídeos etc.) pode contribuir para uma compreensão compartilhada do acesso ao conhecimento, reafirmando seu caráter coletivo. Junto com a formação para atingir metas individuais (escolher uma área para futura atuação profissional, ser aprovado em vestibular), é preciso também educar os alunos na divisão coletiva de tarefas e conquistas de saber.

O material e seu "além"

Para não permanecermos no imediato da materialidade (os objetos de nosso cotidiano e do cotidiano passado, os materiais usados no ensino), é preciso levar em conta, também, a grande importância histórica de imaginários e representações como fontes e suportes de ensino e aprendizagem, evitando reforçar a oposição mecânica entre cultura material e cultura espiritual: materialidade, imaginários e representações são faces simultâneas da experiência humana; vale a pena estar sempre atento a dimensões imaginárias da materialidade e a dimensões materiais do imaginário.

4
IMAGINÁRIOS E REPRESENTAÇÕES NO ENSINO DE HISTÓRIA

> *Os versos se desprendem de seu dono,*
> *Palpitam fora dele.*
> Carlos Drummond de Andrade, "A visita"

Imaginar, representar

"Imaginário" recebe cinco definições no *Novo Dicionário Aurélio (versão eletrônica)*, e destacaremos três delas:

a) que só existe na imaginação; ilusório; fantástico;
b) aquilo que é obra da imaginação;
c) o conjunto de símbolos e atributos de um povo, ou de determinado grupo social.

No *Dicionário Eletrônico Houaiss da Língua Portuguesa*, figuram seis registros da mesma palavra, e deles realçaremos três:

a) criado pela imaginação e que só nela tem existência; que não é real; fictício;

b) aquilo que pertence ao domínio da imaginação;

c) reunião de elementos pertencentes ou característicos do folclore, da vida etc. de um grupo de pessoas, um povo, uma nação etc.

"Representação" é definida no *Novo Dicionário Aurélio* de dezesseis diferentes formas, e priorizaremos seis:

a) ato ou efeito de representar(-se);

b) exposição escrita de motivos, de queixas etc., a quem de direito;

c) coisa que se representa;

d) o conjunto dos representantes que atuam, em geral, de maneira coordenada; delegação;

e) delegação de poderes conferidos pelo povo, por meio de votos, a certas pessoas;

f) ato ou efeito de representar, interpretação teatral.

O *Dicionário Eletrônico Houaiss da Língua Portuguesa*, por fim, contém sete diferentes maneiras de definir "representação", e nos concentraremos em quatro delas:

a) ato ou efeito de representar(-se);

b) exposição escrita ou oral de motivos, razões, queixas etc. a quem de direito ou a quem possa interessar;

c) ideia ou imagem que concebemos do mundo ou de alguma coisa;

d) encenação teatral.

Em alguns aspectos, imaginário e representação merecem definições muito similares: as definições de dicionários da língua registram usos correntes das palavras (a imagem ou a representação se encontram no lugar de outra coisa ou de alguém), quando de sua preparação, quase um balanço de senso comum. Embora não valha a pena permanecer nesse plano, é importante levá-lo em conta, até para conseguirmos superá-lo.

Quando o conhecimento histórico pensou, ambiciosamente, que abordaria tudo – a partir da "Escola dos Annales", desde 1929 (com antecedentes, desde o século XVIII, na filosofia da história, em parte da historiografia romântica e nos escritos extra-acadêmicos da tradição marxista-engelsiana) –, imaginário e representação não podiam ficar de fora.

Evelyne Patlagean (1990), no ensaio "A história do imaginário", fez um balanço dessa problemática a partir da "Escola dos Annales", com uma pequena abertura para outras tradições historiográficas europeias. Ela usa o conceito de imaginário como sinônimo de representação, salientando o trabalho com o universo das diferenças culturais e com o diálogo entre essas diferenças. Enfatiza a multiplicidade de testemunhos do imaginário: textual, oral (o último, frequentemente, registrado no anterior), visual etc. Os exemplos temáticos evocados por Patlagean reforçam as categorias clássicas de periodização eurocêntrica (Antiguidade Clássica, Idade Média, Idade Moderna, Idade Contemporânea). Essa historiadora inclui mitos, sonhos e lendas nesse universo, assinalando sua presença na política do século XX e na propaganda.

O texto "Imaginário social", de Bronislaw Baczko (1985), explorou a questão no universo da antropologia política. Uma importante contribuição desse autor foi criticar a oposição entre imaginário e realidade, enfatizando a dimensão social e política do que se imagina. Nesse sentido, a filosofia política mereceu grande atenção de Baczko, com destaque para Nicolau Maquiavel. Imaginário e relações de poder, portanto, são inseparáveis em sua discussão, evidenciando ainda mais a condição material do primeiro.

A oposição entre imaginário e real começou a ser configurada, com outro universo vocabular, desde a filosofia grega antiga.

No diálogo *A república*, Platão caracterizou a poesia como o lugar dos "imitadores do simulacro da virtude", uma "arte (...) muito afastada da verdade". Essa interpretação justificou tanto certa admiração pelos que faziam poesia, portadores da peste da beleza, como a necessidade de excluí-los do convívio com outros cidadãos, diante da ameaça à ordem que podiam representar com a falsa formação que ofereciam: "A razão nos obrigou a assim proceder" (Platão 1988). Daí, o cortejo solene que conduziu o busto ornamentado de Homero para fora da cidade: essa beleza perturbava.

Aristóteles, na *Poética*, inverteu os termos platônicos: os fazedores de poesia detinham a capacidade de fazer ver o campo dos possíveis, atingindo o universal. Ao mesmo tempo, ele introduziu mais nitidamente a oposição entre realidade e ficção, que se tornaria clássica no pensamento ocidental: falar apenas do que aconteceu seria coisa de historiador – Tucídides é citado nominalmente –, preso ao particular (Aristóteles 1984).

Pode parecer que, depois da física quântica (a dualidade onda-partícula e o princípio da incerteza, de Heisenberg), da pintura cubista (a multiplicidade de pontos de vista que constituem um objeto visual) e do teatro brechtiano (o afastamento reflexivo do espectador, diferente da catarse), nada restou do aristotelismo. No entanto, aquela oposição entre realidade e ficção chegou muito viva ao final do século XX, como se observa na atitude mais comum do público que assiste aos filmes do gênero documentário como se fossem um registro objetivo e indiscutível do que aconteceu. Daí, o risco de professores de história privilegiarem documentários como materiais confiáveis para o ensino, na medida em que expõem fatos e constituem documentos. É como se os documentários preservassem uma pureza de fatos, em contraposição aos voos da imaginação próprios ao espaço ficcional. Subentende-se que a ficção ficaria como reserva para os pesquisadores de comunicações e artes (inclusive literatura).

O livro *História e cinema*, de Jean-Claude Bernardet e Alcides Freire Ramos (1988), ampliou essa discussão, ao caracterizar os documentários como construções da realidade. Queremos acrescentar a essa questão que os filmes do gênero chamado documentário também constroem sensibilidades e suscitam imaginários, dialogando com os papéis mais habitualmente atribuídos à poesia e à ficção. Nesse sentido, entendemos que as relações entre história e cinema ultrapassam o gênero "cinema histórico": se tudo é história, todo cinema interessa à história, falando ou não de temas e personagens ditos históricos. A historicidade dos filmes se situa tanto em seus temas como em seu fazer, no olhar que dirigem para diferentes experiências humanas. O cinema pode mesmo contribuir para ampliar a compreensão que historiadores e professores têm de história, por intermédio de personagens e temas menos habitualmente trabalhados nessa área. Com base em filmes, é muito possível falar sobre a história do amor, a história do riso ou a história das lágrimas – junto com outras histórias.

Documentos e sensibilidades

Alguns filmes de ficção salientam serem baseados em "fatos reais" – caso de *Cidade de Deus*, de Fernando Meireles, repetindo, nesse passo, o romance homônimo de Paulo Lins, ponto de partida textual para o filme (Meireles 2003; Lins 1997).

Queremos lembrar que documento e ficção (ou história e poesia, retomando os termos de Aristóteles; ou análise científica e imagem estética, usando um vocabulário mais próprio aos dois últimos séculos) são fazeres humanos que se misturam e se esclarecem, e que o trabalho de ensino e aprendizagem de história pode se beneficiar dessa articulação, explorando "fatos irreais", tornados realidades porque construídos e compartilhados.

A seguir, comentaremos o belo documentário cinematográfico *Cabra marcado para morrer*, de Eduardo Coutinho (s.d.).

Identificamos intencionalmente a beleza desse documentário: o diretor investiu num universo da emoção, que vem tanto das memórias dos narradores que ele filmou quanto das memórias dele mesmo, explicitadas em sua presença física nas várias cenas do filme, visual e vocalmente, na condição de narrador e entrevistador, além de a obra ser uma retomada de experiência anterior de Coutinho: um filme homônimo, iniciado em 1964, sob o patrocínio do Centro Popular de Cultura da União Nacional de Estudantes (CPC/UNE) e interrompido em abril daquele ano pela ditadura.

Eduardo Coutinho introduziu elementos perturbadores no gênero documentário, assumido também como trabalho com a beleza. O filme não se pretende revelação de uma realidade que fala por si, pois resultou de várias opções de um diretor (escolha de tema, definição de entrevistados, questões levantadas), e também das construções que esses narradores fizeram com seus pensamentos, com seus gestos, com suas expressões faciais e tons de voz. Além de aparecer em cena – filmando, entrevistando, dirigindo –, Coutinho ainda teve o requinte narrativo de preservar na montagem final várias tensões dos entrevistados com ele mesmo, desde a primeira aparição de Abraão, filho mais velho do personagem central (Elizabete, a viúva de João Pedro Teixeira), até a fala final dessa mulher, que continuou a argumentar mesmo depois que o diretor se despediu e anunciou o encerramento das filmagens.

Cabra marcado para morrer é um documentário dotado de argumento narrativo preliminar. Uma equipe de jovens do Rio de Janeiro, ligada ao CPC/UNE, com o apoio do similar pernambucano Movimento Popular de Cultura (MPC), iniciou em 1964, no Engenho Galileia (Pernambuco), um filme sobre a atuação e a morte de João Pedro Teixeira, líder paraibano das Ligas Camponesas, assassinado em 1962. O trabalho fora concebido com locações em Sapé, na Paraíba, onde ocorrera o crime, mas um novo conflito naquele lugar (em 15 de janeiro de 1964, com 11 mortos) impossibilitou o projeto. Daí, a transferência das filmagens para o Engenho Galileia, onde os trabalhadores se tornaram donos de suas terras (e de seu tempo) após uma prolongada disputa com os proprietários anteriores.

As filmagens foram interrompidas pelo golpe de 1º de abril de 1964, quando 40% do projeto já estava rodado. O grupo do CPC teve de fugir. Os representantes do novo regime apreenderam os equipamentos usados e pessoas ligadas à experiência (camponeses e parte da equipe técnica) foram presas. Apenas dois anos depois, recuperou-se o roteiro do filme, que se juntou às fotografias e cenas filmadas que estavam em poder da equipe.

Em fevereiro de 1981, Coutinho apresentou o material bruto dos anos 1960 a seus atores e colaboradores no Engenho Galileia, filmando a exibição e as narrações dessas pessoas sobre suas experiências de vida desde o começo da ditadura e mesmo antes. O filme se construiu, portanto, como memória reflexiva sobre seu próprio fazer, em diferentes tempos e espaços: passado, presente, futuro (no que se refere aos projetos das pessoas); Galileia (PE), Limeira (SP), Sapé (PB), São Rafael (RN), Rio de Janeiro (RJ), Cuba etc. O próprio diretor anunciou, numa das cenas, que o projeto era "completar o filme do modo que fosse possível". Ele deu destaque à figura de Elizabete, viúva de João Pedro Teixeira, desaparecida desde 1964 e principal narradora nessa nova etapa de filmagens.

A multiplicidade de tempos nos ajuda a lembrar que passado, presente e futuro são experiências sociais construídas reciprocamente. Já os espaços filmados – desde a circunstância de uma equipe ligada ao CPC/UNE do Rio de Janeiro montar aquele projeto para ser feito em Sapé e Galileia – retiraram do filme qualquer recorte regionalista: tratava-se de questão nacional e mesmo cosmopolita, como dá a entender a ida de um dos filhos de João Pedro Teixeira para Cuba, a fim de estudar.

Sujeitos

João Virgínio Silva, um dos dois únicos fundadores da Liga Camponesa do Engenho Galileia ainda vivos na retomada da filmagem (o outro era José Hortêncio – Zezé da Galileia), foi apresentado como um homem que "não sabe ler nem escrever, mas é uma espécie de memória da tribo". Com uma argumentação muito articulada, demonstrativa da diferença entre sabedoria e alfabetização, ele caracterizou a conquista da terra pelos camponeses, naquele lugar: "Símbolo da força do movimento camponês". Por meio desse personagem e de seus pares, o filme de Eduardo Coutinho permite pensar sobre dimensões incomuns do homem comum ou que todo ser humano é incomum, dotado de vastas potencialidades.

Ao mesmo tempo, *Cabra marcado para morrer* amplia significativamente o espaço de discussão sobre a experiência da ditadura do período de 1964 até o momento em que o filme foi finalizado (1983). Além de uma elite política que sofreu os efeitos da ditadura, passaram a ser fundamentais, como sujeitos atuantes antes de 1964 – e portadores das memórias dessa atuação depois de 1964 –, esses homens e mulheres pobres, com aspecto físico sofrido, desdentados, malvestidos, muitos deles magros e precocemente envelhecidos. Esses traços, no filme, não são índices de fragilidade, diante da enorme potência que brota de suas palavras, de seus gestos, de suas lembranças e de seus projetos para o futuro.

Quando lembrou da fundação da Liga Camponesa do Engenho Galileia, João Virgínio assinalou que os defuntos de lá eram enterrados em caixão emprestado pela prefeitura e que a associação fora fundada para comprar ataúdes. A ampliação de seus objetivos ficou mais evidente quando se iniciou a luta pela desapropriação do engenho, a favor de seus moradores. João Virgínio reproduziu um argumento usado contra esse ato: "Não é desapropriar uma Galileia. É desapropriar várias Galileias". O teor coletivo desse processo fica evidente, até mesmo na voz de seus adversários.

Vale destacar que o nome "Galileu" foi adotado pelo desenhista Ziraldo para um importante personagem de sua revista em quadrinhos *Pererê* (Cirne 1971; Silva 2000), originalmente publicada entre 1960 e 1964. Galileu era uma onça macho, sempre em luta contra seu Neném e compadre Tonico, fazendeiros que queriam caçá-lo a todo custo. Em contrapartida, Galileu era solidário em seu grupo, sempre disposto a ajudar quem dele precisava, além de forte e corajoso, espancando aqueles traiçoeiros caçadores quando por eles perseguido. Por intermédio de Galileu (palavra que se transformou em adjetivo para designar os camponeses do Engenho Galileia), Ziraldo contribuiu para uma maior divulgação dos camponeses em luta pela terra entre seus leitores infantojuvenis.

Outros personagens daquele universo, destacados na etapa inicial da nova narrativa cinematográfica, foram:

- João Mariano (ator que desempenhou o papel de João Pedro Teixeira; não era um dos novos proprietários do Engenho Galileia, pois viera de outro engenho, de onde fora expulso);
- José Daniel (ator que também chegara a Galileia expulso de outro engenho, porque o filho chupara um pedaço de cana; sua experiência se assemelha ao argumento do filme *A árvore dos tamancos*, de Ermano Olmi 1978), cuja casa serviu de locação e depósito de materiais usados nas filmagens);
- Brás Francisco da Silva (ator que prosperou e se afastou dos "galileus", mudando de nome depois de 1964);
- Cícero Anastácio (único ator que sabia ler, assistente de direção, que sempre tivera esperança sobre a finalização do filme, operário de laminação de ferro em Limeira, SP, quando entrevistado).

Essas pessoas pobres não estavam socialmente isoladas em suas lutas. Ao incluir Francisco Julião (advogado dos galileus) em sua narrativa,

João Virgínio e Eduardo Coutinho demonstraram o apelo a saberes especializados, sem que isso significasse mera dependência, uma vez que as demandas eram formuladas preliminarmente pelos camponeses.

Elizabete Teixeira, usando o nome de Marta Maria da Costa, vivia escondida com o filho Carlos, em São Rafael, RN, cidade de 3 mil habitantes, e somente um outro filho, Abraão, sabia disso. Tal situação apresenta uma modalidade de exílio interno durante a ditadura (perseguidos que trocaram de identidade – como também ocorrera com Brás – e local de moradia, para não serem presos ou mortos), tema raramente discutido na memória daquele período político e mesmo na pesquisa acadêmica. Sua primeira aparição, no filme, foi vendo fotografias da versão anterior de *Cabra marcado para morrer*, tendo ao lado aqueles dois filhos (com Abraão fortemente emocionado, mal segurando as lágrimas – ele mesmo nunca visitara a mãe em São Rafael) e o próprio Coutinho.

Diáspora e memória

Em suas aparições inicial e final, Elizabete agradeceu ao presidente João Batista Figueiredo (último ditador daquele período) e a sua política de abertura política – particularmente, a anistia –, secundada pelo filho Abraão nesses argumentos. Em seguida, todavia, Abraão repudiou diferentes regimes políticos pela maneira como tratam os pobres: "Todos os regimes são iguais. (...) Nenhum presta", no que foi apoiado pela mãe.

Mais que contradição, essa diferença interna indica os vários níveis argumentativos que marcam a fala de Elizabete, estrategicamente articulados a objetivos e situações. Ela não era, evidentemente, uma defensora daquele governante, mas assumia, sim, a questão da anistia e denunciava a situação de exílio – interno ou não – que atingira setores de oposição à ditadura. Ao mesmo tempo, a dimensão pública desses sofrimentos se desdobra em suas faces privadas, particularmente, no que se refere à família destroçada daquela mulher (também João Virgínio relatara que seus filhos passaram fome quando ele foi preso), com os filhos separados da mãe e uns dos outros, vivendo em lugares diferentes e com pouco ou nenhum contato entre si.

Elizabete rememora a ação de João Pedro Teixeira na organização da Liga Camponesa de Sapé, resistindo à violência dos donos de terras contra os trabalhadores pobres. Nessas lembranças, destacam-se imagens de força e coragem, misturadas à resistência de João Pedro diante dos fazendeiros que tentaram corrompê-lo. Na fala de Manoel Serafim, amigo de João Pedro Teixeira nas pedreiras de Jaboatão, "parece que o sol esfriou" quando o líder foi assassinado – forte metáfora para designar a gravidade do ocorrido, que se manifestava até numa inversão da natureza.

O filme apresenta uma memória dominante que se construiu em relação àquelas experiências (equipe de filmagem de 1964 descrita pela imprensa como um bando de cubanos, atribuição de falsos conteúdos ao filme, identificação dos camponeses como "sub-raça") contraposta à memória daquelas pessoas, que reteve a intensidade dos significados contidos na primeira tentativa de narrar cinematograficamente o assassinato de João Pedro Teixeira. Um forte exemplo dessa capacidade interpretativa da lembrança autônoma e crítica é oferecido por João José, filho de José Daniel, que narra um interrogatório também marcado por identidades ficcionais – equipe de filmagens como grupo cubano. Ao mesmo tempo, João José apresenta dois livros que a mesma equipe esquecera em sua casa e, com evidente dificuldade, lê um trecho de *Kaput*, de Curzio Malaparte (1966), identificando com precisão uma passagem em que o manuscrito desse escritor italiano fora escondido da Gestapo por um camponês e comparando esse acontecimento à experiência da filmagem em 1964.

Noutro trecho de *Cabra marcado para morrer*, João Virgínio lembra de sua prisão, marcada por extremo sofrimento, pela perda de visão num olho, pelo agravamento de seu quadro de saúde, pela perda de modesto patrimônio acumulado a duras penas, além de torturas físicas e psicológicas, como ficar mergulhado num tanque cheio de fezes, para concluir, sobre sua capacidade de resistência: "Só o Satanás!". E, em seguida, acrescentar: "Mas não tem melhor do que um dia atrás do outro e uma noite no meio. As graças de Deus estão aí, caindo a toda hora".

João Virgínio se situou entre uma força satânica (resistir a tanta dor) e a benção divina (o cotidiano das graças de Deus), imagens próprias a provérbios que são muito mais que o mundo existente reiterado. Em vez disso, ele demonstra a possibilidade de enfrentar o poder adversário com outros poderes, uma força de demônio e um universo abençoado por Deus, transformando a extrema dor em riso diante daqueles inimigos, agora reduzidos a sua efetiva dimensão.

Retorno ao mundo

O contato com esses sujeitos assumiu o caráter de retorno à cena pública, redefinindo esse espaço como seu. Se eles surgem novamente como sujeitos centrais no entendimento de 1964 e da ditadura civil e militar, isso remete não apenas à experiência de dores e tristezas, mas a horizontes alternativos de vozes e projetos, para antes e para depois. Retorna-se a um mundo do qual nunca se deixou de fazer parte, embora os exílios e as repressões possam ter conseguido apagar momentaneamente aquelas fortes presenças.

As narrativas de Elizabete e seus filhos sobre as impossibilidades anteriores de convívio que experimentaram (uma filha se suicidou, outro filho sofreu atentado, a maioria deles deixou de se encontrar, até porque passou a morar em diferentes cidades) são marcas de tragédias privadas com um fim anunciado. Mas essa visão de um tempo novo foi associada, por Elizabete, à continuidade de lutas – contra a fome, contra os salários de miséria, pela liberdade e pela igualdade de direitos. A fala sem fim de Elizabete Teixeira é como uma arma que ela descobre e que, junto com ela, nós, espectadores, identificamos nas camadas populares do Brasil.

A emoção reflexiva

O filme termina com a imagem de João Virgínio Silva ("memória da tribo"), junto com João José Daniel (filho de José Daniel, que comparara um trecho do livro *Kaput* à experiência da filmagem), no domingo de carnaval de 1981, em grupo de maracatu rural. A voz do diretor nos informa que João Virgínio morrera do coração naquele ano, poucos meses depois da filmagem.

Mais que à morte, essa cena remete à beleza da memória e dos sentimentos (a própria simbologia de morrer do coração, lugar onde se costuma pensar que estão as emoções) como faces da identidade humana.

A beleza das falas e memórias expressas por João Virgínio e outros narradores do filme são poderes de pessoas como ele e seus companheiros de trajeto. Encerrar o filme com sua figura, num domingo de carnaval, tendo ao fundo imagens de maracatu rural, é reconhecer seu enorme e belo poder, por meio da fala e da memória.

Conhecer as várias feituras de *Cabra marcado para morrer* e os trajetos de vida das pessoas envolvidas nessa experiência é compartilhar saberes e emoções. As pessoas que choram e sentem euforia diante da câmera são as mesmas que pensam, aprendem, ensinam. A ditadura, na qual ainda viviam quando o filme foi finalizado, não foi somente ditadura, porque saberes e poderes outros se mantiveram dispersos entre setores da população – essa população com aparência tão fraca –, e podiam ser reativados ainda mais intensamente naquele crepúsculo do regime.

A trama da história, portanto, é constituída por muitos fios, que se contam (se enumeram e se narram) como potencialidades de ação, como apontou, num sentido diferente, Paul Veyne (1987).

Auto de Natal e via-crúcis

"Morte e vida severina (auto de natal pernambucano)", de João Cabral de Melo Neto, foi escrito em 1954/1955, publicado no volume *Duas águas: Poemas reunidos* (Rio de Janeiro: José Olympio, 1956) e mais amplamente divulgado a partir de 1965, com a encenação pelo grupo de Teatro da Universidade Católica de São Paulo (Tuca), sob a direção de Silnei Siqueira, musicado por Chico Buarque e premiado em festival internacional (Nantes, na França), saudado, desde então, como importante marco do teatro brasileiro, reencenado, filmado por Zelito Viana (1977) e também transformado em especial televisivo por Walter Avancini (1981). Além da gravação em disco da peça, as melodias de Chico Buarque foram registradas pelo próprio compositor e por Nara Leão, dentre outros intérpretes, com grande repercussão. O subtítulo já indica a dimensão teatral do texto (originalmente, solicitado ao poeta pela dramaturga e encenadora Maria Clara Machado) e sua ligação com o ciclo de narrativas natalinas, dos evangelhos ao folclore, passando pela literatura clássica. O tema da morte e a divisão do escrito em tópicos remetem às vias sacras populares, representadas na Semana Santa, com as diversas estações da paixão de Cristo. Morte e vida, fim e começo, ruptura e continuidade, região e universo são dimensões nucleares desse poema.

O trajeto de Jesus é também o trajeto do homem comum (Severino, nome próprio tornado substantivo e adjetivo), o que remete para a dimensão humana do primeiro (Deus-homem) e, também, para a face transcendente do outro (homem-Deus?). Ao mesmo tempo em que define referenciais palpáveis de uma paisagem física e humana regional – Pernambuco e seus homens –, o poema fala de uma condição humana universal, referida ao percurso de Jesus e dos pobres: os versos podem ser lidos tomando como referência os rios Capibaribe e Beberibe (no Brasil), bem como o Nilo (no Egito), o Ganges (na Índia), o Tietê (no Brasil), o Sena (na França), o Mississipi (nos Estados Unidos) ou o Potengi (no Brasil).

A ordem morte/vida, no título do auto, sugere uma vida que sai da morte, não como culto mórbido desta, e sim na condição de localizar a experiência individual num ciclo amplo, que pode incluir superações difíceis ou até trágicas.

Passos de morte e vida

O poema é dividido em 18 cenas, ou jornadas, para retomarmos um termo próprio aos pastoris nordestinos (Câmara Cascudo 2001), uma das fontes de inspiração de João Cabral. Assim como as pastorinhas, no auto folclórico, fazem seu percurso rumo a Belém, a fim de visitarem Jesus recém-nascido – um símbolo de vida e redenção da humanidade –, Severino vai a Recife, sem uma visita definida para fazer, mas em busca de uma condição humana (quer dizer: em busca de vida), que lhe parece tão difícil em seu universo da pobreza.

Cada uma das jornadas do poema possui título, que anuncia acontecimentos e personagens.

Na primeira, "O retirante explica ao leitor quem é e a que vai". Esse título define o leitor como personagem da jornada, tornando o poema um diálogo, ou um monólogo na presença de um ouvinte. Na identificação do retirante, destaca-se o nome próprio comum, uma não identidade ou uma identidade que vai além do individual. Tentando singularizar-se, o narrador enfatiza mais o caráter coletivo de seu ser: existem outros Severinos, filhos de Marias e de um coronel Zacarias, sendo este senhor de terras e mulheres. A identificação, portanto, anuncia antes uma pergunta: como individualizar o que é experiência de muitos, "iguais em tudo na vida / morremos de morte igual"? O retirante não se apresenta *chegando*, e sim *partindo* ("a que vai"), levando o leitor nessa ida.

A paisagem que o poema anuncia ("vivendo na mesma serra / magra e ossuda em que eu vivia"), por sua vez, indica o corpo do(s) Severino(s), sua sina no trabalho ("a de abrandar estas pedras / suando-se muito em cima") e de procurar revitalizar o chão morto ("a de tentar despertar / terra sempre mais extinta, / a de querer arrancar / algum roçado da cinza"). Morte e vida, portanto, existem no corpo dos Severinos e no corpo da terra que eles habitam. E o horizonte da vida que sai da morte se configura para a terra, pelo duro trabalho humano. Para as pessoas, o trabalho parece preparar, pelo contrário, apenas o rumo da morte.

A segunda jornada, "Encontra dois homens carregando um defunto numa rede, aos gritos de: 'Ó irmãos das almas! Irmãos das almas! Não fui eu que matei não!'", é um confronto imediato com a morte, num enterro. Trata-se de morte matada, e os que carregam o defunto procuram livrar-se dessa culpa. O morto, também Severino, foi definido como "defunto de nada", configurando o encontro de um Severino com outro, ou consigo mesmo (nada diante de nada), numa espécie de espelho. A estatura do personagem é definida como pequenez, ou mesmo nulidade. A autoria da onipresente morte é de impossível identificação, pois "Ali (...) / sempre há uma bala voando / desocupada". E a morte se deveu à pouca terra que esse Severino possuía, cobiçada pelas "filhas-bala". Há, portanto, um mundo de violência e luta pela propriedade, por menor e mais pobre que esta seja. O defunto, na rede, encontra-se numa situação de viagem, evocando o tema mitológico grego da barca de Caronte. E a vontade dominante é da morte: "Queria mais espalhar-se / ... / queria voar mais livre / essa ave-bala". A vida só poderá vir de outras vontades.

O cenário da seca surge apontado no título da terceira jornada ("O retirante tem medo de se extraviar porque seu guia, o Rio Capibaribe, cortou com o verão"), cenário ameaçador para o homem. O trajeto severino é comparado ao ato de rezar um rosário, dificultado pelo abandono de trechos ("há certas paragens brancas, / de planta e bicho vazias. / Vazias até de donos"). Nessa solidão, também vazio de reza, um canto anuncia a quarta jornada: "Na casa a que o retirante chega estão cantando excelências para um defunto, enquanto um homem, do lado de fora, vai parodiando as palavras dos cantadores".

São excelências para outro finado Severino, dando continuidade ao espelhamento. A paródia substitui o arsenal sagrado, garantias de salvação ("Dize que levas cera, / capuz e cordão / mais a Virgem da Conceição"), por um balanço daquele mundo ("Dize que levas somente / coisas de não: / fome, sede, privação"); ou ainda "Ajunta os carregadores / que o corpo quer ir embora", traduzido como "Ajunta os carregadores / ... que a terra vai colher a mão". Coisas de não: o não ser de cada Severino, a carência como posse principal, explicada mediante outras existências – os que cobiçam a terra, os que dominam, as filhas-bala. Trata-se de um tema-síntese do poema, confrontado, em seu final, pela persistência do sim – a vida. Nesse momento, todavia, a inversão coisificante, contra os pobres, ainda predomina: "a terra vai colher a mão".

O difícil trabalho

Num mundo de propriedade violentamente disputada, os Severinos também se defrontam com a extrema escassez de trabalho. Na quinta jornada ("Cansado da viagem o retirante pensa interrompê-la por uns instantes e procurar trabalho ali onde se encontra"), Severino registra a onipresença da morte, "até festiva", em meio aos indícios de "vida severina / (aquela vida que é menos / vivida que defendida [...])". O risco de parar para descansar e, depois, "retomar a viagem" é de "nunca mais seguir em minha vida" – morrer. É no meio desse receio que Severino vê uma mulher "remediada ou dona de sua vida". A vida, portanto, figura como propriedade, atributo de quem não está na escala inferior da hierarquia social. E o descanso se mantém como objetivo inalcançável.

Na sexta jornada, "Dirige-se à mulher na janela que depois descobre tratar-se de quem se saberá", o personagem e o leitor ficam sabendo que não falta trabalho "a quem sabe trabalhar", mas não na terra (agricultura, pecuária, engenhos), que é ruim e sem financiamento acessível: "plantas de rapina / são tudo o que a terra dá", nova face das "coisas de não". O que existe, então? "Só os roçados da morte / compensam agriculturar". Produz-se a destruição da vida humana. Ser "dona da vida" é depender da morte alheia, desejar sua ampliação, para mais a explorar. E Severino é mais um candidato a esse crescimento da morte.

O homem prossegue e, na sétima jornada ("O retirante chega à Zona da Mata, que o faz pensar, outra vez, em interromper a viagem"), comenta a doçura da terra, a água abundante, contrastantes com a ausência de gente – "só folhas de cana fina" –, vitória da natureza desumanizada. Apesar disso, ele supõe esperança de vida para todos e cemitério que "poucas covas aninha". Mas na oitava jornada, "Assiste ao enterro de um trabalhador de eito e ouve o que dizem do morto os amigos que o levaram ao cemitério". Trata-se da canção de Chico Buarque que se tornou mais conhecida, na versão musicada do poema, com o título "Funeral de um lavrador". Nos versos originais, a terra aparece como objeto de luta, que se tornou acessível ao trabalhador depois de morto. É única terra que ele possuiu, quando ela o possuiu, paradoxo e tragédia agravados pelo tom de ofertório que a canção assumiu. Essa posse recíproca, que sugere até um ato amoroso, torna-se, todavia, fim do trajeto e perda da capacidade autônoma do ser humano, agora matéria inerte, à mercê da decomposição. Se a cova/terra "é a conta menor / que tiraste em vida", seu pagamento se dará compulsoriamente, pela ação da própria terra sobre o cadáver. Junto com as "coisas de não", a luta pela terra, nessa jornada, aparece como tema central do poema, marcada, todavia, pela derrota na morte.

Breve esperança, desespero

Apesar dessa triste visão, o retirante reafirma a disposição de acelerar a andança, na nona jornada – "O retirante resolve apressar os passos para chegar logo ao Recife". Nessa etapa, ele faz um balanço de sua vida, dirigindo-se ao leitor: "o que apenas busquei / foi defender minha vida" – contra o reino da morte. Mas a conclusão, até aquele momento, é de que "a diferença é a mais mínima", donde a vontade de chegar logo ao Recife, "derradeira ave-maria / do rosário". Essa Ave-Maria final foi precedida pela sucessão de Pais-Nossos (louvor a Deus), mas também pelo Credo, que historia a paixão de Cristo. Se a Ave-Maria registra a vinda de Jesus, o Credo narra sua partida devido à morte. O percurso de Severino, até esse momento, sugere muito mais a morte como destino. A evocação da Ave-Maria figura como uma esperança.

A décima jornada é "Chegando ao Recife, o retirante senta-se para descansar ao pé de um muro alto e caiado e ouve, sem ser notado, a conversa de dois coveiros". A cena reforça a morte, nuançando-a pela hierarquia entre defuntos, expressa em estilos de cemitérios, despesas com quem morreu, vida pregressa de quem se enterrou, gorjetas pagas aos coveiros. No diálogo dos coveiros, os Severinos são caracterizados como seres que, chegando ao Recife, "Não podem continuar / pois têm pela frente o mar. / Não têm onde trabalhar / e muito menos onde morar". Esse encontro com a abundância líquida do mar, frontal oposto à seca, tem por contrapartida a imagem de beco sem saída e a reiteração das "coisas de não" – sem trabalho, sem teto. Chegar à perspectiva de vida (Recife, mar) foi ouvir o anúncio do próprio óbito: "morre gente que nem vivia / (...) / vêm é seguindo seu próprio enterro". Trata-se da plena mistura entre Severino retirante e Severino cadáver, mesmo que ainda ambulante.

O desdobramento desse encontro, na jornada seguinte ("O retirante aproxima-se de um dos cais do Capibaribe"), é a decisão de Severino: "A solução é apressar / a morte a que se decida / e pedir a este rio / (...) / que me faça aquele enterro (...)". A vida, que se buscava na viagem, foi transformada em morte aceita e até apressada. As "coisas de não" abarcaram a existência de Severino, com a perspectiva de serem finalizadas por ele mesmo. Para tanto, ele procura se informar com "Seu José, mestre carpina" (nome e ofício do pai de Jesus, e nome próprio muito comum entre homens pobres brasileiros, como se sabe), na décima segunda jornada, sobre as condições daquele rio, se a morte é garantida por ele. As respostas desse interlocutor, todavia, apontam para a teimosa vida, malgrado tantos impedimentos: "quanto ao vazio do estômago, / se cruza quando se come". E mais: "sei que a miséria é mar largo / não é como qualquer poço: / mas sei que para cruzá-la / vale bem qualquer esforço". A insistência de Severino na opção pela morte encontra muitas respostas contrárias em José, apesar da dureza de sua existência: "a vida de cada dia / cada dia hei de comprá-la". Mas a última fala dessa jornada é a pergunta de Severino, sobre a opção "de saltar, numa noite, / fora da ponte e da vida?".

A reversão do salto: Uma nova beleza

A resposta para esse desafio não vem de José, e sim na décima terceira jornada ("Uma mulher, da porta de onde saiu o homem, anuncia-lhe o que se verá"), na notícia, para o mesmo José, de que "vosso filho / saltou para dentro da vida". Nessa passagem, o tema do salto, anunciado por Severino como mergulho de morte, foi revertido como voo para a vida, voo de uma nova vida. Um voo capaz de operar metamorfoses no mundo, conforme apresentado na décima quarta jornada ("Aparecem e se aproximam da casa do homem vizinhos, amigos, duas ciganas etc."): "Foi por ele que a maré / esta noite não baixou. / (...) / e a lama ficou coberta / e o mau-cheiro não voou. / (...) / e cada casa se torna / num mocambo sedutor. / (...) / E este rio de água cega, / ou baça, de comer terra, / que jamais espelha o céu, / hoje enfeitou-se de estrelas". A beleza estava ali, onde menos se esperava por ela. E quem a gerou foi a vida palpitante, contra a imobilidade da morte. Não se trata de estetizar a pobreza, e sim de reafirmar a humanidade dos que a sofrem, a capacidade afirmativa dos homens, a vida como espaço de possível diferença.

Fazem parte dessa beleza a alegria e a felicidade dos iguais, que se expressam na décima quinta jornada – "Começam a chegar pessoas trazendo presentes para o recém-nascido". São itens daquele mesmo cotidiano: "(...) caranguejos / pescados por esses mangues; / mamando leite de lama / conservará nosso sangue". Eles sublinham o valor daquele pouco, reforçam a solidariedade entre tais pessoas: "somente o leite que tenho / para meu filho amamentar; / aqui são todos irmãos / de leite, de lama, de ar". E apontam um futuro melhor para a criança: "trago papel de jornal / para lhe servir de cobertor; / cobrindo-se assim de letras / vai um dia ser doutor". Outros tópicos presenteados por esses magos reis da vizinhança são água, um canário-da-terra, bolacha-d'água, boneco de barro, pitu (aguardente), abacaxi, roletes de cana, ostras, frutos... Há um universo de possibilidades que não se confunde com restrições, antes sublinha perspectivas ("Belo porque é uma porta / abrindo-se em mais saídas", na décima sétima jornada) num mundo que parecia tão destituído de tudo.

As previsões das ciganas, na décima sexta jornada ("Falam as duas ciganas que tinham aparecido com os vizinhos"), arrolam perspectivas para aquela vida: o aprendizado da sobrevivência imediata, com diferentes bichos; a troca da lama do mangue pela graxa da máquina fabril; a mudança "para um mocambo melhor / nos mangues do Beberibe". E junto com essas previsões, surgem as belezas nele vistas, na décima sétima jornada, "Falam os vizinhos, amigos, pessoas que vieram com presentes etc.": "o peso de homem", "a marca de homem", "a máquina de homem", "(...) as mãos que criam coisas / nas suas já se adivinha" – é um homem, como Severino. A inversão, que antes fora do predomínio da morte sobre a vida ("Coisas de não", "a terra vai colher a mão"), é agora triunfo do viver: "Infecciona a miséria / com vida nova e sadia".

A persistência da vida

O poema se encerra com a jornada "O carpina fala com o retirante que esteve de fora, sem tomar parte em nada". José responde à pergunta de Severino, sobre "(...) saltar / fora da ponte e da vida" com o próprio "espetáculo da vida", "mesmo quando é a explosão / de uma vida severina".

Se imagens especulares anteriores do poema remetiam Severino para a visão da morte como destino, esse desfecho altera radicalmente a situação, enfatizando a vida como arena de possibilidades. Não se trata de aceitar a vida apenas como ela é: José registra dificuldades e lutas. Mas a superação desse quadro só é possível no interior da vida. A inimiga é a morte, contra ela devem se voltar os esforços humanos.

A visão da beleza, naquele nascimento, se dá por intermédio de um trabalho de beleza textual no próprio poema. A sucessão de imagens verbais, ao longo do texto, contribui para uma memória sobre seu universo de referenciação (nordeste do Brasil, pobreza rural e urbana), que percorre da síntese sobre a carência – "coisas de não" – à visão de um salto para a vida, capaz de derrotar o projeto de salto para a morte. As rimas toantes, os múltiplos ritmos dos versos, o coloquial assumido como elevado padrão culto da língua são recursos poéticos que apresentam o mundo como problema e busca. O conhecimento histórico somente se ampliará no diálogo com esses recursos.

Aprender história com João Pedro e Severino

João Pedro Teixeira foi um ser humano de carne e osso, e suas ações se tornaram referências para quantos conviveram diretamente com ele, ou entraram em contato com a memória daqueles fazeres, por meio do filme *Cabra marcado para morrer* e de outras fontes de informação e pensamento. Severino é uma figura poética, síntese e projeto de experiências humanas, tornada carne e osso por quem escreveu, leu, viu ou sentiu sua existência.

O registro documental que o filme de Eduardo Coutinho obteve sobre João Pedro, a partir das memórias e experiências de seus parentes, amigos e admiradores, tornou-se também um universo de expressão dos sentimentos daquelas pessoas, e dos sentimentos das outras, que souberam de suas trajetórias. A expressão sensível que o poema de João Cabral atingiu, suscitando experiências e memórias em quantos o conheceram, é uma via de acesso ao pensamento sobre o mundo que ele inventou em papel e tinta, com os recursos expressivos da grande literatura.

Trazer João Pedro e Severino – e outros homens e mulheres, em diferentes poemas ou filmes – para a sala de aula de história, por meio de mediações temáticas e problematizadoras de seus seres e de outros fazeres sociais, é refletir sobre uma história que se faz em diferentes espaços da sociedade e em diferentes planos da expressão humana. Eles não são personagens (nem o filme ou o poema são "objetos") que, sozinhos, resolverão o aprendizado da história. Mas são sujeitos da experiência humana que, certamente, contribuirão para ampliar o entendimento dos fazeres históricos, de acordo com as perguntas que professores e alunos saibamos lhes fazer.

5
A SALA DE AULA E O ESPAÇO VIRTUAL

*A equação me propõe,
computador me resolve.*

Rita Lee e Tom Zé, "2001"

A chegada do futuro

Desde o final do século XX, com a maior difusão dos computadores pessoais e o acesso crescente à internet, a informação e a comunicação passaram por transformações muito significativas, tanto na esfera da vida cotidiana (lazer, convívio pessoal) quanto em atividades especializadas de trabalho e pesquisa, que incluem o processo de ensino e aprendizagem.

Se acompanharmos, ao longo do século passado, a ficção científica na literatura textual ou em quadrinhos, além do cinema e dos seriados televisivos, entre outros gêneros artísticos, é possível perceber que já havia, ao menos a partir dos anos 1930 – continuando nas décadas seguintes –, a expectativa de uma transição para o século XXI marcada tecnicamente por grandes mudanças no campo dos transportes: foguetes, discos voadores, teletransporte (transferência de diferentes corpos – inclusive, humanos – para lugares muito distantes, em frações de segundos) etc. Isso cresceu muito nos anos 1950 e 1960, com a corrida espacial e as viagens tripuladas para a Lua.

Num grande filme desse gênero (*2001: Uma odisséia no espaço*, de Stanley Kubrick, lançado em 1969), tal clima está fortemente presente: o transporte é uma dimensão tecnológica muito importante do início do século XXI, algumas de suas cenas principais se dão durante viagens para a Lua ou para Saturno. Outro excelente filme desse campo narrativo (*Blade Runner: O caçador de andróides*, de Ridley Scott, 1981) faz referências a viagens interplanetárias, embora mais vinculadas ao retorno de indesejados – os androides robôs Nexus 6 – ao planeta Terra, onde são impiedosamente exterminados.

Antes desses dois grandes filmes, outro belo produto da arte cinematográfica – *Alphaville*, de Jean-Luc Godard, 1965 – apresentou a sociedade técnica como redutora dos homens à condição de formigas, destituídos da perturbadora arte e também do amor. E *Fahrenheit 451*, de François Truffaut, 1965, apresentou bombeiros dedicados a incendiarem livros, salvos pela memória de homens-livros, que se isolavam num bosque.

Nós, que vivemos esse momento anunciado pela ficção científica do século passado, sabemos que as transformações não caminharam nessa direção: não vieram (ainda!) veículos urbanos voadores de uso individual ou familiar nem um cotidiano de viagens interplanetárias. A cantora e compositora Rita Lee, coautora, com Tom Zé, da canção "2001", de 1969 (Mutantes 1971), comentou, no início do século XXI, a frustração que sentia por não viver, no novo século, um clima de história em quadrinhos ou desenho animado televisivo, povoado por aqueles veículos urbanos e roupas metalizadas, no estilo da "Família Jetson".

Mas, certamente, a informática representou uma mudança muito significativa de outra natureza, no que se refere ao acúmulo de informações, ao acesso a elas e à comunicação entre as pessoas.

Já existiam computadores bem antes do fim do século XX, mas de natureza diferente daqueles utilizados em época mais recente. Eram usados, inicialmente, quase apenas no espaço militar ou na pesquisa científica muito avançada e em poucos campos, desde os anos 1940, aproximadamente. Esses computadores foram se expandindo para a área administrativa (pública e privada), nas três décadas seguintes, mas não ainda para o uso doméstico e pessoal. Dos anos 1980 para cá, vivemos a era dos computadores pessoais, que introduziu muitas alterações na socialização cotidiana e também nas práticas de pesquisa, ensino e aprendizagem.

É preciso pensar sobre algumas perspectivas básicas no contato com a informática no campo do conhecimento histórico, tanto na pesquisa quanto no ensino e na aprendizagem. As redes de comunicação colocam professores e alunos em contato permanente com catálogos de museus, arquivos e bibliotecas, bem como com textos e imagens pertencentes a esses acervos e *sites* que oferecem informações e análises de diferentes tópicos daquela área do saber. Além disso, os computadores permitem acumular informações e processá-las de diferentes formas, ampliando enormemente as possibilidades de acesso aos dados. Por fim, os grupos de discussão e outras comunidades da internet viabilizam compartilhar saberes e trocar interpretações com pessoas que, muitas vezes, estão fisicamente longe da sala de aula ou do laboratório de pesquisa.

O entusiasmo por essas conquistas técnicas deve estar mesclado a algumas cautelas, para evitar que se transforme num deslumbramento com a aparelhagem, destituído de pensamento sobre os instrumentos e as conclusões a que eles nos dão acesso.

Pesquisa histórica e computadores

Embora não enfatize o apelo direto a esse tipo de equipamento, o clássico debate de Fernand Braudel sobre a longa duração, publicado originalmente em 1958, teve um desdobramento indireto nesse diálogo: a necessidade de cobrir vasta documentação (Braudel 1992; ele menciona as "matemáticas 'qualitativas'", p. 42). Um manual metodológico de história menos comprometido com a "Escola dos Annales", como *L'histoire et ses méthodes*, já arrolara registros fonográficos e cinematográficos no universo da pesquisa sobre a contemporaneidade, sem destacar, todavia, o computador entre os recursos disponíveis para aquele universo de estudo (Samaran 1961). O trabalho com grandes séries documentais desenvolvido por historiadores especializados em economia e demografia foi um primeiro campo de pesquisa que utilizou mais sistematicamente computadores, visando a um tratamento estatístico de informações, com a informática associada aos universos da história designada como "serial" ou "quantitativa" (Chaunu 1976; Marczewski e Vilar 1973; Cardoso e Pérez Brignoli 1981). A trilogia inaugural da "nova história" francesa ainda associou os computadores mais à pesquisa sobre economia e demografia (Le Goff e Nora 1976a, b e c), embora um de seus colaboradores já generalizasse esse procedimento, precedido pela pesquisa documental e sucedido pela escrita, para toda "operação historiográfica" (De Certeau 1982).

Essas iniciativas tiveram por desdobramento uma maior atenção para práticas coletivas, criticando a história concentrada nas ações individuais de personagens destacados, mas também quase perdendo de vista experiências de ruptura.

A expansão de seu emprego superou tais fixações preliminares e o computador se tornou cada vez mais vinculado a qualquer pesquisa histórica, a ponto de, já nos anos 1970 do século passado, Jean Chesneaux (1995) apontar esse recurso como uma espécie de cacoete do historiador acadêmico na França, nos Estados Unidos e noutros países. Mais recentemente, surgiram revistas especializadas na área, além de serem realizados, com frequência, congressos sobre suas conquistas (Figueiredo 1997).

Um uso evidentemente consolidado do computador no campo da pesquisa histórica é o processamento de textos, que se beneficia dos recursos de memória e mesclagem, que imprimem um ritmo muito mais acelerado à escrita da história. Noutro patamar, o computador tem servido também para o desenvolvimento de bancos de dados, o tratamento desses materiais em gráficos e estatísticas, e também o acesso a redes de comunicação. Essa riqueza instrumental não pode negligenciar articulações metodológicas, que derivam da capacidade própria ao pesquisador na formulação de problemáticas e em seu encaminhamento. Mesmo no plano da edição de textos, é preciso salientar que quem escreve é o historiador, e não o computador. Escolha de temas, indagações sobre alguns de seus aspectos e formulação de problemáticas interpretativas ainda permanecem como tarefas do pesquisador. Se a máquina processa os programas e materiais nela inseridos, jamais é possível deixar de lado o papel do historiador como aquele que escolhe e encaminha os passos do trabalho de investigação.

Por meio das redes de comunicação, os profissionais dessa área passaram a ter acesso facilitado a catálogos e mesmo tópicos de acervos de arquivos, museus, bibliotecas e instituições similares. Ao mesmo tempo, bancos de dados acumulam resultados de pesquisas e oferecem instrumentos de trabalho muito úteis. Resultados de investigações são, assim, disponibilizados em escala internacional, agilizando o diálogo entre os que refletem sobre campos de interesse aproximados. Além de contatos diretos entre pesquisadores ou destes com centros de estudos, a internet oferece, ainda, informativos eletrônicos.

Toda essa agilidade tem por contrapartida a perda de muitos materiais preparatórios, descartados porque considerados insuficientes ou ultrapassados, mesmo no nível de esboços de trabalho. Os trabalhos de crítica genética, tão importantes no campo dos estudos literários e com muitas possibilidades historiográficas, ficam ameaçados daqui por diante: onde encontrar os manuscritos ou as provas anotadas, esclarecedores do estudo de diferentes autores e obras (Willemart 2005; Figueiredo 1997)?

Ensino de história e computadores

No campo do ensino, vale assinalar a existência de *sites* didáticos da área de história – em geral, ainda fracos. São livros eletrônicos até piores que os livros impressos mais articulados; repetem os vícios desses livros, como a sugestão de que "toda a história" se encontra ali resolvida. Seus usos se dão, quase sempre, de formas lastimáveis.

O coordenador de informática de uma escola da rede municipal paulistana de ensino básico e fundamental narra uma experiência nesse campo. Ele recebeu alunos para treinamento no uso de computadores, no acesso à internet etc. Uma professora daquela escola pediu para os alunos irem à sala de informática pesquisar o nome completo de Pedro I, o imperador brasileiro. A tarefa consistia em consultar algum *site* de história onde pudessem encontrar tal informação. Os alunos desempenharam a tarefa a contento. Tratava-se, todavia, de uma questão não reflexiva, da busca de uma informação extremamente setorizada para entender significados históricos daquele personagem, um dado que, depois de localizado pelo primeiro aluno, podia ser copiado mecanicamente pelos demais, sem qualquer emprego do computador. O trabalho de refletir sobre uma informação, articulá-la a outras e desenvolver um raciocínio histórico ficou fora da operação.

Esse exemplo demonstra como a informática pode ser colocada a serviço de concepções muito restritas de conhecimento histórico, assumindo o pior papel que um manual ou mesmo uma enciclopédia costumam desempenhar. Num sentido diferente, todavia, a orientação ponderada do docente e o diálogo com outros universos de informação e interpretação evitarão esses usos factuais estéreis. A sugestão de temas e de articulações, associada ao retorno de resultados atingidos e à correção de equívocos cometidos, foi comentada em uma experiência didática referente à Revolução dos Cravos, em Portugal, evidenciando a conquista de novos horizontes naquele universo de estudo, desde que adequadamente integrado a um projeto de aprendizagem e intermediado pela ação crítica do professor (Gonçalves 2004). Dessa perspectiva, o computador e as informações nele obtidas são colocados em diálogo com livros, com aulas, com os saberes já dominados pelo professor e pelos colegas de estudos. Ao mesmo tempo, conceitos clássicos dos estudos históricos (fontes de época, ação individual e ação coletiva, cronologia, estrutura e conjuntura) podem ser utilizados na interpretação dos materiais encontrados.

Acessando o *site* "Educação – Lição de Casa – História do Brasil" (ensino fundamental), do UOL, é possível identificar tópicos clássicos de história política como ponto de partida: independência, primeiro reinado, regências, segundo reinado, república velha (subdivida em períodos presidenciais), revolução de 1930, estado novo e períodos presidenciais subsequentes, até a gestão de Fernando Henrique Cardoso. O nível informativo é de boa qualidade, embora faça falta anunciar quais os critérios que foram adotados naquela escolha da política institucional como "porta de entrada" para cada tema, bem como para tomar a independência como ponto de partida. Um recurso muito útil ali disponível são as ligações com outros instrumentos de trabalho – dicionários, enciclopédias, indicações bibliográficas –, deixando claro que uma página de informações (ou um livro didático, ou uma aula) sempre se desdobram em diálogos com outros materiais.

No caso de "História Geral", o mesmo *site* oferece como entrada tópicos temáticos menos claramente concatenados (Primeira Guerra Mundial, Segunda Guerra Mundial, Álamo, Alexandre, o Grande), uma espécie de enciclopédia desordenada, que privilegia a história-batalha. Aquelas possíveis articulações com outras fontes de informação se mantêm, mas a impressão preliminar é de que o visitante procurará um campo temático para resolver um assunto específico, e só. Problemáticas mais amplas, como a própria noção de "História Geral", deixam de ser debatidas preliminarmente.

Esses exemplos (e existem inúmeros outros) demonstram que podem surgir *sites* didáticos melhores no campo do conhecimento histórico, e também que os existentes podem melhorar, junto com seus usos em espaços escolares e semelhantes, deixando patente que são um recurso de aprendizagem entre muitos outros, com as vantagens que a agilidade de acesso e a riqueza multimídia (recursos de imagem, som e texto) garantem. Mas é preciso, preliminarmente, evitar uma imagem "fetichizada" do computador e da internet como remédios para todos os males – no exemplo apontado, da rede de ensino paulistana, são sintomas de doenças crônicas. Em contrapartida, grandes possibilidades de acesso a informações sobre temas e materiais (livros, filmes, peças de teatro, músicas etc.) são permanentemente oferecidas ali.

Junto com esses *sites* didáticos, existem aqueles institucionais, e dentre eles, os de museus, arquivos, bibliotecas e órgãos similares, que, em geral, são bons, e oferecem até mesmo catálogos completos *on-line*, reproduções de materiais do acervo, "visitas" virtuais às salas de exposição, trechos e, às vezes, textos completos de documentos etc.

Vale lembrar, ainda, o funcionamento ou a possibilidade de criação de grupos de discussão sobre questões de história (e de outras áreas de saber) nas redes de comunicação. Isso tem se tornado uma prática comum: pessoas com interesses temáticos, técnicos ou teóricos em comum, que não podem se reunir a toda hora, num país com a dimensão continental do Brasil – para não falar daqueles que trabalham no exterior –, utilizam instrumentos dessa natureza para manterem textos *on-line*, travarem discussões etc. Tal recurso pode e deve ser expandido para o campo do ensino, garantindo trocas de experiências e materiais entre professores e alunos.

Em nenhum momento, esses passos podem prescindir da presença do professor como proponente de temas e questões nem do diálogo com instrumentos clássicos de estudo – o livro, o caderno para anotações etc. O pior risco oferecido pela informática para o ensino é a tola sensação de que os sujeitos e instrumentos clássicos da aprendizagem caíram em desuso.

Sem professores, prédios escolares, convívio entre colegas de estudo, laboratórios e bibliotecas materiais, o processo de estudo pode se tornar muito mais frágil do que tem sido até agora. Isso para não falar nas escolas que instalam belos computadores e não sabem direito o que fazer com aquela aparelhagem, que se transforma num elefante branco de alta tecnologia.

Acervos gerados nos computadores

Num outro campo de contato do conhecimento histórico com esse universo, importa apontar os acervos documentais criados diretamente pelos recursos de informática: bancos de dados, circulação de diferentes modalidades de informação (*sites* da internet, salas de bate-papo) etc.

São acervos de acesso mais ou menos difícil e, às vezes, autodestrutíveis, como é o caso das salas de encontros na internet (para não falar no sigilo militar ou empresarial), que poderiam ser fontes de pesquisa extremamente interessantes para o profissional de história e todos os interessados por esse campo de conhecimento pensarem sobre a sensibilidade contemporânea, mas, via de regra, morrem ali mesmo: os textos não costumam ser preservados (ao contrário das antigas cartas de amor, guardadas por um dos missivistas, às vezes apreendidas e arquivadas por órgãos repressores – casos da Inquisição ou da justiça laica, no tempo em que adultério era crime), as pessoas apagam os escritos enviados ou recebidos, com medo de que o marido ou a mulher, o namorado ou a namorada descubram que elas andaram "pulando a cerca" virtualmente. Na maior parte dos casos, esses materiais nem se constituem propriamente em acervos, têm um caráter volátil, são construídos e rapidamente eliminados. Um pesquisador-*voyeur* poderá entrar nessas salas com a nobre missão de coletar documentos (informações) sobre a sensibilidade contemporânea, mas sempre perderá muitas coisas – existem diálogos em sigilo (salas a dois). Uma saída poderá ser aguardar versões radicais de ego-história, em modalidade confessional: navegadores da internet que narrem suas viagens. Mas será que eles querem lembrar ou ser lembrados?

Noutros espaços documentais, a informática participa da produção de contabilidade nacional, orçamentos públicos ou privados, bancos de dados em múltiplos campos de pesquisa – vários materiais de grande interesse, gerados diretamente em computador e de acesso mais ou menos complicado, quando não simplesmente inacessíveis.

Essas informações, no universo das empresas privadas, são muito fechadas, fazem parte do sigilo da empresa, e o mesmo ocorre em órgãos governamentais, embora já existam algumas discussões na opinião pública sobre o que pode ou não ser acessível na documentação estatal.

Quando lembramos dos potenciais acervos de fontes históricas criados diretamente pelos recursos da computação, alguns deles imediatamente destruídos, queremos contrastar esse material com a situação dos acervos documentais em papel e tinta. Se tomarmos como exemplo a correspondência privada, mantida mais intensamente até os anos 1980 – todavia, já em declínio com a expansão da telefonia –, uma prática relativamente frequente era a cópia das mensagens enviadas e a preservação das recebidas. É um material muito importante, que passou pelo crivo de quem escreveu, de quem recebeu ou de quem preservou, frequentemente acessível e até editado, quando se trata de personalidade conhecida. Isso é muito diferente da documentação produzida em computador, boa parte feita para não ser preservada, outra parte feita para ser mantida fora de acesso, quase nunca indicando suas diferentes etapas de produção – as rasuras de um manuscrito não costumam figurar no texto digitado e revisto, como já foi indicado. Em contrapartida, descontadas as dificuldades de acesso, ela representa, com frequência, uma enorme massa documental sobre os assuntos mais variados, faltando pensar mais sobre seus aproveitamentos pelos estudos históricos.

Reproduzindo documentos

O trabalho do profissional de história com a informática também engloba recursos para a reprodução, a acumulação e o tratamento de informações, desde o apelo ao escâner, particularmente importante para quem pesquisa fontes visuais, passando por programas estatísticos, extremamente úteis para os historiadores debruçados sobre dados quantitativos (produção econômica, população etc.), mas também aplicáveis aos mais diferentes tipos de materiais. Esses instrumentos copiam, acumulam, confrontam e processam dados.

Junte-se a isso outra característica da informática, que é a extrema rapidez da reprodução, do processamento e da circulação de informações. Esse ritmo representa uma vantagem no mundo onde vivemos: gastamos muito menos tempo para copiar uma documentação gigantesca ou para obter cópias de fontes que estão em arquivos muito distantes, bem como para processá-la de diferentes formas. Essa rapidez é boa, mas tende a contaminar o ato de pensamento, que não segue necessariamente o mesmo ritmo. Preservando as conquistas que esse acesso e esse tratamento de um universo quase ilimitado de fontes nos permite no cotidiano da pesquisa histórica, num ritmo muito acelerado, é sempre necessário relembrar, a cada dia, que o computador é um instrumento de trabalho, que o trabalho de pensamento continua a cargo dos seres humanos, historiadores ou qualquer homem ou mulher.

Nesse sentido, é preciso evitar algumas ingenuidades teóricas e técnicas que, às vezes, marcam o trabalho do profissional de história com a informática. Ninguém negará que a informática é um excelente instrumento de trabalho, mas isso jamais se confundirá com a perspectiva de que ela resolve todas as questões por nós ("Computador me resolve", segundo o irônico verso de Rita Lee e Tom Zé) – professores, alunos, pesquisadores, escritores, leitores.

Em alguns cursos de digitação ministrados nos anos 1980 – quando os computadores pessoais começaram a se expandir mais significativamente no Brasil –, instrutores insistiam em que o computador era extremamente "burro", salientando que ele nada fazia sozinho, que sempre dependia de quem o utilizava, que tudo o que o computador realizava era porque alguém optara por fazer daquela maneira.

Essa questão continua viva para nós, ela permite termos clareza sobre quem projeta, executa, indaga e formula hipóteses de trabalho, quem escolhe temas, documentos, programas, interpretações etc.: sempre nós, limitados seres humanos. O computador não fará isso no lugar de quem pesquisa, ensina ou aprende, o computador é um instrumento extremamente útil e interessante, facilita muito nossa vida em tantas coisas, mas não nos substitui nessas tarefas, que continuam a ser nossas.

Daí, a formação clássica em história – e noutras áreas do saber não é diferente – de ler, escrever, discutir e concluir continuar de pé, com a ajuda de diferentes equipamentos. O computador não nos substitui nesses passos, temos de estar ali para escolher os temas, os documentos e as hipóteses e problemáticas de trabalho, decidir como abordá-las, conceber a síntese interpretativa que chegará ao conhecimento do leitor.

Uma outra face do problema diz respeito à relação dos recursos de informática com os acervos originais que não foram produzidos pelo computador. Vivemos numa época em que há uma espécie de febre pelo escaneamento e pela digitalização, tendo em vista a evidente facilidade e rapidez que representam na cópia e na transmissão de informações, além da segurança garantida pela preservação dos dados digitalizados.

Nas décadas de 1960 e 1970, houve uma tendência parecida, anterior à expansão da informática, no que diz respeito à microfilmagem. Quando essa possibilidade técnica apareceu, expandiu-se bastante – e em algumas cidades e instituições quase virou moda microfilmar toda a documentação antiga e, em seguida, jogar fora a papelada original, porque ela ocupava muito espaço e juntava traças; o que estava em duas ou três salas era substituído por materiais que cabiam num armário, num cantinho do escritório onde ficavam abrigados todos os microfilmes. Mas isso significava (e significa), também, um trabalho permanente de preservação de microfilmes, com climatização e garantia de higiene. Sem isso, o material se deteriora num ritmo muito mais acelerado do que o papel original, com a perda de informações preciosas – às vezes, perdas irreparáveis, nos casos em que os originais de papel e tinta foram intencionalmente descartados.

Por outro lado, o microfilme – assim como os recursos computacionais – jamais substituiu (nem substituirá) a materialidade dos documentos originais: aquela caligrafia, aquele papel, aquela tinta, aquela rasura original ou de falsificação, a especificidade física do objeto tridimensional. Não podemos perder isso, como historiadores, uma vez que são informações intrínsecas à prática social estudada. Nesse sentido, as relações do conhecimento histórico com a informática não podem negligenciar os debates que continuam a ser feitos sobre a própria noção de documento histórico – a rigor, tudo o que diz respeito à experiência humana. A materialidade desse "tudo" deve ser trabalhada com recursos da informática, o que não se confunde com seu descarte em nome da digitalização ou de outros procedimentos computacionais.

O entusiasmo com o computador faz esquecer que muitos de seus suportes são frágeis, podem ser atacados por vírus, são descartáveis e podem perder a capacidade de uso. Não é porque fizemos um trabalho de escanear e digitalizar documentos que esse material está salvo para sempre: acidentes físicos ou erros de utilização podem levar à perda de tudo. Isso significa que temos de ter os suportes originais preservados, sim, e garantir outras cópias; senão, estaremos à mercê de acidentes muito comuns, que destroem o trabalho de vários dias, ou até meses e anos. Por outro lado, o trabalho de quem copiou um documento original, de acordo com a historicidade de seu olhar, pode negligenciar aspectos que apenas sua preservação física garantirá serem recuperados noutro momento e retrabalhados de outros ângulos.

O acesso à informática, num país como o Brasil, ainda está resumido a uma parcela relativamente restrita da população, da qual os profissionais de história costumam fazer parte. Há um debate sobre a exclusão digital como uma questão política e socialmente importante. Isso gerou algumas iniciativas públicas em estados e municípios, para enfrentar a questão. Daí, o surgimento de salas de informática nas escolas públicas básicas e fundamentais (para não falar nas universidades públicas), nas associações de amigos de bairros e em instituições similares.

Para os pesquisadores, isso significa que encontraremos, no caso da documentação produzida por meio do computador, materiais que provêm principalmente do Estado e de instituições dominantes, com poucas exceções. Há grupos, movimentos e instituições sociais ligados a camadas populares que já estão informatizados (MST, indígenas e ONGs, dentre outros), mas a maior parte da população ainda se encontra excluída. Em alguns casos, o pesquisador ou professor pode até contribuir para a expansão do contato entre setores da população e certos recursos da informática que ele usa em seu trabalho.

A informática e o acesso às instituições eruditas de pesquisa

Como é que os recursos da informática entram no universo museológico ou arquivístico? Eles podem reforçar o que essas instituições já são, mas os mesmos recursos também podem integrar os atos de repensá-las. Tais recursos participam da divulgação do museu e do arquivo, possibilitando visitas virtuais, diferentes de uma leitura textual sobre essas instituições, uma vez que há mais espaço para informações visuais, textuais e sonoras e comparações instantâneas entre itens do acervo, para acompanhar espaços de exposição e depósito etc. Mas não podemos esquecer que o museu e o arquivo virtual não substituem o museu nem o arquivo físico. Um exemplo simples é oferecido pelo grande Museu do Prado, um dos melhores do mundo no campo das artes visuais. Nas obras-primas citadas anteriormente (*A maja desnuda*, de Goya, e *As meninas*, de Velásquez), muito da beleza estará presente numa fotografia digital, mas existem aspectos das pinturas originais que não sobrevivem à reprodução.

Em primeiro lugar, e de importância fundamental para as artes visuais, a escala. *A maja desnuda* é um quadro de 97 cm x 190 cm. Quem entra na sala onde ela está exposta vê aquela mulher belíssima, encarando desafiadoramente quem a olha, nua e nas proporções aproximadas de um corpo feminino vivo. Essa escala é muito importante nas artes plásticas, o espectador compara seu próprio corpo ou outros corpos a seu redor com o da mulher pintada, pensa sobre a arte que reflete a respeito da beleza dos corpos humanos. Outras pinturas de corpos nus não estão em tamanho natural (podem ser maiores ou menores), o que significa um detalhe muito importante para entender o encanto de *A maja desnuda*.

A pintura *As meninas* tem 318 cm x 276 cm. Apresenta uma sala palaciana espanhola em escala quase igual ao pé direito da sala onde está exposta. É infinitamente diferente de se ver uma reprodução dessa tela do computador, com 20 cm x 30 cm ou pouco mais, ou na página de um livro, ainda menor. Certamente, muito da beleza original se preserva na reprodução – o esquema de desenho, a composição, parte das cores –, mas, para as artes plásticas, a escala dessa obra é fundamental.

Outro exemplo pode ser encontrado na escultura. É diferente ver uma fotografia da Vênus de Milo, integrante do acervo do Museu do Louvre, e ver a própria escultura, enorme e bela, tridimensional. A monumentalidade dessa Vênus certamente faz parte de sua beleza.

No caso das artes plásticas, ver as obras originais permite avaliar mais detidamente dimensões de textura – a passagem da mão humana que trabalhou aquelas pinceladas –, diferenças entre ângulos de aproximação e outros aspectos que as reproduções fotográficas não resolvem. O teor tenso e agressivo das colagens dadaístas de Kurt Schwitters (uso de detritos recolhidos do lixo) muda muito quando as vemos reproduzidas em papel *couché*, uniformizadas pelo brilho das boas tintas de impressão. Em compensação, reproduções muito ampliadas de detalhes pintados ou esculpidos permitem acompanhar rachaduras, superposições de camadas, as próprias pinceladas – contra a ilusão mimética da pintura "igual ao modelo".

Esses exemplos de museus de arte procuram evidenciar como o museu virtual não substitui o museu físico, nem na fruição pelo visitante, nem na pesquisa. Essa afirmação se aplica também a outros tipos de museu e instituição (bibliotecas, arquivos etc.) de interesse para o historiador. É excelente dispormos de catálogos *on-line* dessas entidades, sabermos que livros estão lá, que documentos integram sua coleção, que peças compõem seu acervo tridimensional, mas é impossível digitalizar tudo, e há tipos de documentos que não podem ser plenamente representados numa reprodução bidimensional – esculturas, móveis, roupas etc.

Se pensarmos apenas em arquivos, museus e bibliotecas brasileiros, a situação se agrava. Muitos deles, talvez a maioria, possuem acervos nem sequer catalogados. Nesse sentido, frequentemente, o pesquisador também é um catalogador, um subproduto de sua pesquisa é um guia extremamente útil para a instituição e para futuros pesquisadores.

Nos *sites* desses arquivos e das instituições congêneres, tais zonas desconhecidas permanecerão como buracos negros, e o virtual torna o real ainda menor. Mesmo em grandes instituições, onde tudo ou quase tudo está digitalizado, existem critérios para identificação de temas e dados que podem permanecer obscuros para determinada problemática de pesquisa. A consulta à documentação original e sua zelosa preservação permanecem, portanto, como passos incontornáveis dos estudos históricos.

Isso serve de alerta para alguns cuidados que a pesquisa histórica continua a exigir, e que as aparentes facilidades de catálogos e documentos *on-line* não aboliram. Tem-se expandido uma falsa noção de que, de qualquer lugar, é possível pesquisar temas de diferentes países (por exemplo: a luta de classes na Inglaterra do final do século XVIII), sem explorar *in loco* seus arquivos, uma vez que catálogos e mesmo boas amostragens de documentos estão disponíveis *on-line* ou podem facilmente ser adquiridos pela internet. Isso é verdade em relação a determinados arquivos, bibliotecas ou museus, mas são documentos selecionados por outrem, raramente existe acesso a novas possibilidades, e a seleção obedece a determinados critérios e problemáticas. Esse limite também se aplica aos bancos de dados, que, evidentemente, resultaram de critérios muito específicos de seleção e processamento.

Vale reiterar que a informática ajuda enormemente na divulgação daqueles órgãos e mesmo no acesso a muitos de seus itens, mas ela não dá conta de uma reflexão sobre os acervos, que passa por um contato físico e demorado e por um paciente pensar sobre seus significados sociais e suas potencialidades, com cada pessoa indo além da condição de usuária passiva, que não reflete.

6
CONCLUSÕES E PERSPECTIVAS

> *As coisas estão no mundo*
> *só que eu preciso aprender.*
> Paulinho da Viola, "Coisas do mundo, minha nega"

Os debates sobre ensino de história no Brasil, desde os anos de luta contra a ditadura civil e militar – e mesmo antes, se considerarmos algumas inquietações republicanas voltadas para a educação, como as de Manoel Bomfim (1915); as reflexões de Paulo Freire sobre o processo educativo e as experiências dos educandos (1970); e a tentativa de uma "história nova", que Nelson Werneck Sodré coordenou (Werneck Sodré *et al.* 1993; Werneck Sodré 1986) – contribuíram para um alargamento diversificado das concepções sobre esse campo de pensamento e trabalho.

Ele pode ultrapassar a condição de instância burocrática e repetitiva de soluções prévias, inclusive das mais refinadas. Ao mesmo tempo, respostas para suas necessidades são formuladas de muitas maneiras, com base nas concepções de história, escola, ensino e mundo de cada professor e debatedor. O professor de história e seus alunos podem e devem trabalhar com livros didáticos, livros não didáticos, filmes de ficção e documentários, histórias em quadrinhos, música erudita e música popular, paisagens e edificações, objetos tridimensionais, diferentes modalidades de imaginário social, computadores, jogos etc. Tudo é história, o que amplia ao infinito o leque de temas e problemáticas de conhecimento a serem estudados e de materiais de época (documentos históricos) para discussão. Em contrapartida, como ninguém poderá aprender nem ensinar tudo de tudo, o trabalho de selecionar ("catar feijão", de acordo com a bela definição de poesia feita por João Cabral de Melo Neto) é uma exigência permanente e, nele, a figura do professor tem enorme importância.

É o professor quem planeja os cursos, quem escolhe os materiais básicos de trabalho e as atividades a serem desenvolvidas, quem orienta o conjunto dessas atividades e avalia o aproveitamento de seus alunos. Se esse professor tem uma prática democrática de pensamento e trabalho, ele divide tais tarefas com colegas que lecionam outras disciplinas, além de dialogar sobre elas com alunos, pais e outros setores da sociedade (movimentos sociais, associações etc.). Mas a obrigação de cumprir tais passos de coordenação é prioritariamente dele, para isso ele se formou e continua a se formar como profissional, para isso ele é contratado e pago – na maior parte das vezes, mal pago, mas a culpa não é dos alunos, e a saída desse quadro de desvalorização profissional se reforçará com o destaque para a atuação imprescindível do docente no processo educativo.

Assinalar tal persistência do papel de professores é uma necessidade de grande peso em nosso mundo, onde algumas instâncias de ensino parecem querer funcionar como que destituídas daquele sujeito. Quando se fala em ensino a distância ou em ensino com recursos computacionais, parece até que a função de lecionar se deslocou para mecanismos desprovidos de energia humana, superiores a essa energia porque dotados de maior capacidade de acumular informações, de responder rapidamente e de se comunicar com milhares ou milhões de pessoas.

Ora, esses mecanismos tão modernos pressupõem seres humanos que escolhem informações, descartam umas, destacam outras, articulam interpretações. E a presença direta do professor no processo de ensino e aprendizagem abriga uma vantagem única: a animação humana do exemplo – uma atitude – e sua capacidade de efetivo diálogo, que não se confunde com respostas mecânicas, uniformizadas, indiferentes à identidade daquele que faz perguntas. É possível caracterizar essa presença como oportunidade de diálogo que se abre para os saberes, e uma visão desses saberes como fazeres humanos, não um autoengendramento das técnicas.

Junto com a permanência dos professores, também cabe lembrar a continuidade das escolas. A alegria de descobrir que o ensino de história e o processo educativo em geral abrangem qualquer momento e qualquer lugar não merece ser desdobrada num abandono das escolas, como se elas fossem lugares descartáveis. Escolas continuam a ser espaços de enorme importância para amplos setores da população que não possuem biblioteca, laboratório e computador em casa – a maior parte dos que a frequentam. Além disso, a escola se mantém como local para convívio em torno dos saberes, garantindo oportunidades para a exposição e a solução de dúvidas, assim como para a apresentação de conquistas alcançadas por professores e alunos. A maior parte das escolas ainda se situa aquém de suas potencialidades. Falta, portanto, mais ação dos interessados (professores, alunos, comunidade em geral) para que esses limites sejam ultrapassados.

Mesmo o livro didático – parcialmente "culpado", há algum tempo, pelo mau ensino de história – pode ser recuperado como instrumento válido para a cultura escolar, desde que não mais se lhe atribua uma falsa função de "lugar de toda a história". Não existe tal lugar. O livro didático, submetido à leitura crítica, com a interferência interpretativa do professor, e colocado em diálogo com outros elementos de estudo – acervos de museus e arquivos, livros não didáticos, jogos, produção literária e artística, patrimônio edificado, diferentes *sites* da internet etc. –, é um suporte de trabalho que pode render bons resultados. Carlos Alberto Vesentini (1984) já advertiu que as falhas dos livros didáticos também se fazem presentes na historiografia erudita. Referindo-se à "reprodução de temas, tomados como fatos", ele assinala que "o livro didático não os criou nem os selecionou, antes os reproduz" (p. 76).

A contrapartida dessa conclusão é que a sabedoria da historiografia erudita também poderá ser preservada por meio dos bons livros didáticos, dependendo do engenho e da arte de seus autores e de seus usuários.

A historiografia erudita, universitária ou não, oferece, ao menos desde o século XIX, exemplos de vastas possibilidades temáticas na interpretação das experiências humanas. Jules Michelet (1988) falava sobre alimentação, moradia e sentimentos dos camponeses na França, além de ter identificado a mulher como personagem muito importante da história. Engels (1975), parceiro de Marx em obras e atividades políticas, comentou o corpo, a moradia e as condições de higiene vividas pelos trabalhadores pobres na Inglaterra da Revolução Industrial. Lucien Febvre (1989) e Marc Bloch (2002) foram muito claros no anúncio de um saber histórico sem fronteiras temáticas nem documentais.

No universo de nossas perspectivas para o ensino de história, a formação continuada do professor não corresponde a "falhas" de sua formação original, mas à necessidade – comum a diferentes profissionais (médicos, engenheiros, jornalistas etc.) – de estar integrado à dinâmica de produção em seu campo de conhecimento. Isso é possível pela participação em cursos e encontros, pela leitura de publicações pertinentes e pelo diálogo com colegas de trabalho. Os benefícios pessoais garantidos por essa formação se desdobram em bons resultados de trabalho com os alunos, garantindo uma aprendizagem dinâmica, em diálogo com a complexidade das experiências estudadas e do saber em produção.

A oferta de materiais didáticos no mercado e por instituições (com a participação do Ministério da Educação) tem aumentado muito, o que significa maior diversidade para a escolha de professores e alunos. Junto com esses produtos, é muito importante valorizar também os materiais gerados na própria escola (textos, vídeos, gravações em áudio, exposições etc.), articulando-os de forma a se esclarecerem reciprocamente. Na medida em que o professor também produz materiais didáticos, é necessário que essa tarefa seja incluída em sua carga horária e que o pagamento de direitos autorais lhe seja garantido.

A valorização da cultura escolar (conjunto de artefatos e atividades feitos diretamente por professores e alunos, mais o universo de suas reflexões) deve se expressar tanto naquele reconhecimento contratual – carga horária e remuneração – como também no plano de um efetivo diálogo com outras instâncias de produção do saber histórico, casos da universidade, das associações culturais e das editoras. É muito comum essas instâncias tratarem os professores de história como clientela para seus produtos (cursos, livros, congressos etc.). Chegou a hora de os professores, como produtores de cultura escolar, serem tratados também como seres capazes de oferecer seus produtos para essas outras instâncias, consolidando uma efetiva relação de troca entre parceiros com experiências diferentes.

O ensino de história e de outras disciplinas, na escola fundamental e média, tem se caracterizado também pela ênfase num currículo geral, que garanta sucesso em vestibulares e exames nacionais. Sem pretender agir como se esses poderosos rituais não existissem, é necessário que aquele ensino também dialogue com currículos específicos, que derivam de outras demandas e propostas desse público e da própria dinâmica do saber histórico em produção. Dessa perspectiva, as necessidades sociais atendidas por aquele currículo geral (sucesso pessoal e profissional, projeto de vida) não estarão divorciadas de indagações sobre os sentidos da vida e do mundo.

Uma grande conquista do conhecimento histórico foi admitir que ele pode se desenvolver com base na reflexão sobre qualquer sentimento ou objeto resultante da ação humana – uma lei, uma panela, um poema, uma passeata, o medo sentido pelos que sofreram violências, a coragem construída pelos que enfrentaram essas violências. Falta articular esse universo de experiências e documentos históricos às problemáticas de conhecimento que não desconheçam campos clássicos dessa área de saber nem percam o diálogo com as experiências dos alunos e dos próprios professores. Estudar o presente ou o passado recente não desobriga o aluno de também conhecer tópicos clássicos de conhecimento histórico, como democracia ateniense ou movimento operário no século XIX.

No dia 20 de março de 2006, foi inaugurado o Museu da Língua Portuguesa, em São Paulo, e ele desenvolveu, dentre outras atividades, uma bela exposição sobre a obra-prima *Grande sertão: Veredas*, de João Guimarães Rosa (1986). Para esse fim, montaram-se ambientes físicos, com diferentes materiais (terra, sementes, tijolos, gravetos etc.) mesclados a trechos daquele romance escritos, projetados ou gravados, como se a palavra se materializasse em todo aquele mundo. Quando a visita à bonita mostra se encerrava, todavia, restava uma frustração: onde estava um exemplar do romance para consultar, ou até comprar e levar para casa, como lembrança de uma experiência tão bonita de contato com o universo vocabular do autor por meio de outros suportes materiais? O museu, muito bem-sucedido na tarefa de materializar o texto naqueles objetos e suportes, não possuía, entretanto, livraria nem biblioteca.

Alguém pode objetar: ora, qualquer museu dispõe de biblioteca ou livraria, sem necessariamente conseguir realizar exposições tão bonitas quanto essa. Mas o incômodo persiste: por que a capacidade inovadora do Museu da Língua Portuguesa, muito bem realizada naquela exposição, não conseguiu se aliar aos recursos clássicos de mostrar ou dar acesso direto àquele grande livro, precioso suporte de palavras?

No caso do ensino de história, tantas décadas de debate permitiram um alargamento infinito de temas e materiais para sua realização, em consonância com a pesquisa histórica que lhe é contemporânea. Podemos, legitimamente, trabalhar história num passeio pelas ruas, numa visita a um terreiro de candomblé ou numa partida de futebol, para não falar em museus, arquivos, cinemas, teatros e similares. Agora, precisamos garantir que sujeitos e recursos clássicos de seu estudo estejam aliados a essa liberdade: professores, salas de aula e de leitura, bibliotecas.

Relembrando a canção de Gil e Mautner (s.d.), como professor de história, "sou parte do problema", mas também faço parte dos grupos que procuram soluções. E as soluções do ensino de história convergem no ato de garantir que ele ocorra bem, como experiência gratificante para professores e alunos.

Como ensinou Paulo Freire (s.d.), ninguém fará isso sozinho. Como aprendemos em nossas experiências, algumas pessoas, juntas, em grupos de trabalho, associações, cursos, oficinas e outros órgãos ou atividades coletivos, poderão fazê-lo, e até fazer muito mais.

REFERÊNCIAS BIBLIOGRÁFICAS

AGUIAR, E.P. (2006). "Currículo e ensino de história: Entre o prescrito e o vivido – Vitória da Conquista – BA, Brasil (1993/2000)". Dissertação de mestrado. Uberlândia: Faculdade de Educação. Programa de Pós-Graduação em Educação.

ALARCÃO, I. (1996). *Formação reflexiva de professores: Estratégias de supervisão*. Porto: Porto Editora.

APPLE, M.W. (1982). *Ideologia e currículo*. São Paulo: Brasiliense.

ARISTÓTELES (1984). *Poética*. Trad. José Américo Motta Pessanha. São Paulo: Abril. (Os Pensadores)

BACZKO, B. (1985). "Imaginação social". Trad. Manuel Villaverde de Cabral. *In*: LEACH, E. *et al*. *Anthropos/Homem*. Vila da Maia: Imprensa Nacional/Casa da Moeda, pp. 296-332. Enciclopédia Einaudi, 5.

BAUMAN, Z. (2005). *Identidade*. Rio de Janeiro: Jorge Zahar.

BERNARDET, J.C. e RAMOS, A.F. (1988). *História e cinema*. São Paulo: Contexto/Edusp. História Contexto.

BHABHA, H.K. (2005). *O local da cultura*. Belo Horizonte: Editora UFMG.

BITTENCOURT, C. (2003). "Capitalismo e cidadania nas atuais propostas curriculares de história". *In*: BITTENCOURT, C. (org.). *O saber histórico na sala de aula*. São Paulo: Contexto, pp. 11-27.

BLOCH, M. (1982). *Sociedade feudal.* Trad. Emanuel Lourenço Godinho. Lisboa: Edições 70.

_____ (2002). *Apologia da história ou O ofício do historiador.* Trad. André Telles. Rio de Janeiro: Jorge Zahar.

BOMFIM, M. (1915). *Lições de pedagogia. Teoria e prática da educação.* Rio de Janeiro: Livraria Escolar.

BRASIL (1988). *Constituição da República Federativa do Brasil.* Brasília: Congresso Nacional.

BRASIL. Ministério da Educação (2004). *Diretrizes Curriculares Nacionais para a educação das relações étnico-raciais e para o ensino de história e cultura afro-brasileira e africana.* Brasília: MEC.

_____ (2007). *Guia dos livros didáticos PNLD 2008: História.* Brasília: MEC.

BRASIL. Secretaria de Educação Fundamental (1997). *Parâmetros Curriculares Nacionais: História e geografia.* Brasília: MEC/SEF, vol. 5.

_____ (1998). *Parâmetros Curriculares Nacionais: História. 5ª a 8ª séries.* Brasília: MEC/SEF.

BRASIL. Secretaria de Educação Média e Tecnológica (2002). *Parâmetros Curriculares Nacionais: Ensino médio.* Brasília: MEC/Semtec.

BRAUDEL, F. (1992). "História e ciências sociais: A longa duração". *In: Escritos sobre a história.* Trad. Jacó Guinsburg. São Paulo: Perspectiva, pp. 41-77. Debates, 131.

CAIMI, F.E. (2001). *Conversas e controvérsias: O ensino de história no Brasil (1980-1998).* Passo Fundo: UP.

CÂMARA CASCUDO, L. da (2001). *Dicionário do folclore brasileiro.* 11ª ed. São Paulo: Global.

CARDOSO, C.F. e PÉREZ BRIGNOLI, H. (1981). *Os métodos da história.* Rio de Janeiro: Graal.

CHARLOT, B. (2002). "Formação de professores: A pesquisa e a política educacional". *In:* PIMENTA, S.G. e GHEDIN, E. (orgs.). *Professor reflexivo no Brasil: Gênese e crítica de um conceito.* São Paulo: Cortez.

CHARLOT, B. (org.) (2000). *Da relação com o saber: Elementos para uma teoria.* Porto Alegre: Artmed.

_____ (2001). *Os jovens e o saber: Perspectivas mundiais.* Porto Alegre: Artmed.

CHAUNU, P. (1976). *História como ciência social: A duração, o espaço e o homem na época moderna*. Trad. Fernando Ferro. Rio de Janeiro: Zahar.

CHERVEL, A. (1990). "História das disciplinas escolares: Reflexões sobre um campo de pesquisa". *Teoria & Educação*, 2, pp. 117-229.

CHESNEAUX, J. (1995). *Devemos fazer tábula-rasa do passado? Sobre história e historiadores*. Trad. Marcos Silva. São Paulo: Ática.

CHEVALLARD, Y. (1991). *La transposición didáctica: Del saber sabio al saber enseñado*. Buenos Aires: Aique.

CIRNE, M. (1971). *A linguagem dos quadrinhos: O universo estrutural de Ziraldo e Maurício de Souza*. Petrópolis: Vozes.

CONTRERAS, J. (2002). *Autonomia de professores*. São Paulo: Cortez.

COUTINHO, E. (s.d.). *Cabra marcado para morrer*. Rio de Janeiro: Globo Vídeo.

COUTO, R.C. do (2004). "Formação de professores de história e multiculturalismo: Experiências, saberes e práticas de formadores". Dissertação de mestrado. Universidade Federal de Uberlândia, Faculdade de Educação.

DE CERTEAU, M. (1982). "A operação historiográfica". *In: Escrita da história*. Trad. Maria de Lourdes Menezes. Rio de Janeiro: Forense.

DELORS, J. (2002). *Educação: Um tesouro a descobrir*. São Paulo: Cortez; Brasília: MEC/Unesco.

EDUCAÇÃO E SOCIEDADE (1980), 5 jan.

ELLIOT, J. (1990). *La investigación-acción en educación*. Madri: Morata.

_____ (1998). "Recolocando a pesquisa-ação em seu lugar original e próprio". *In*: GERALDI, C.M.G. *et al. Cartografias do trabalho docente: Professor(a)– pesquisador(a)*. Campinas: Mercado de Letras/ALB, pp. 137-152.

ENGELS, F. (1975). *Situação da classe trabalhadora em Inglaterra*. Trad. Anália C. Torres. Porto: Afrontamento.

ENGUITA, M.F. (1991). "A ambigüidade da docência: Entre o profissionalismo e a proletarização". *Teoria & Educação*, 4, pp. 41-62.

ESTEVE, J.M. (1991). "Mudanças sociais e função docente". *In*: NÓVOA, A. (org.). *Profissão professor*. Porto: Porto Editora, pp. 93-124.

FEBVRE, L. (1970). *Problema da descrença no século XVI: A religião de Rabelais*. Trad. Rui Nunes. Lisboa: Início.

_____ (1989). *Combates pela história*. Trad. Leonor Martinho Simões e Gisele Monis. Lisboa: Presença.

FERNÁNDEZ, F.S. (2006). *El aprendizaje fuera de la escuela*. Madri: Ediciones Acadêmicas.

FIGUEIREDO, L.R. (1997). "História e informática". *In*: CARDOSO, C.F. e VAINFAS, R. (orgs.). *Domínios da história*. Rio de Janeiro: Campus, pp. 419-439.

FORQUIN, J.-C. (1992). "Saberes escolares, imperativos didáticos e dinâmicas sociais". *Teoria & Educação*, 5, pp. 28-49.

_____ (1993). *Escola e cultura*. Porto Alegre: Artmed.

FREIRE, P. (1970). *Pedagogia do oprimido*. Rio de Janeiro: Paz e Terra.

GIL, G. e MAUTNER, J. (s.d.) "*Crazy pop rock*", faixa 8 na versão em CD.

GIROUX, H. (1999). *Los profesores como intelectuales. Hacia uma pedagogia crítica del aprendizaje*. Barcelona/Madri: Paidós/MEC.

GODARD, J.L. (1965). *Alphaville*. França: Impéria.

GONÇALVES, R. (2004). "A aprendizagem da história na sociedade de informação". *In*: BARCA, I. (org.). *Para uma educação histórica de qualidade*. Actas das IV Jornadas Internacionais de Educação Histórica. Braga: CIEd/Universidade do Minho, pp. 203-232.

GOODSON, I.F. (1995). *Currículo: Teoria e história*. Petrópolis: Vozes.

_____ (2000). "Dar voz ao professor: As histórias de vida dos professores e o seu desenvolvimento profissional". *In*: NÓVOA, A. (org.). *Vidas de professores*. Porto: Porto Editora, pp. 51-77.

_____ (2001). *Currículo: Teoria e história*. Petrópolis: Vozes.

GUIMARÃES, S. (1993). *Caminhos da história ensinada*. Campinas: Papirus.

_____ (1997). *Ser professor no Brasil: História oral de vida*. Campinas: Papirus.

_____ (2003). *Didática e prática de ensino de história*. Campinas: Papirus.

GUIMARÃES ROSA, J. (1986). *Grande sertão: Veredas*. 32ª impressão. Rio de Janeiro: Nova Fronteira.

HALL. S. (2000). "Quem precisa da identidade?". *In*: SILVA, T.T. da (org.). *Identidade e diferença*. Petrópolis: Vozes.

HARGREAVES, A. (1999). "Cuatro edades del profesionalismo y del aprendizaje profesional". *In*: ÁVALOS, B. e NORDENFLYCHT, M.E. *La formácion de profesores: Perspectivas y experiencias*. Santiago: Santillana, pp. 15-166.

_____ (2003). *O ensino na sociedade do conhecimento: Educação na era da insegurança*. Porto Alegre: Artmed.

HOLLANDA, A.B. de. *Novo Dicionário Aurélio (Versão eletrônica)*. S.l.: Positivo Informática, versão 5.0.40.

HOUAISS, A. (2001). *Dicionário Eletrônico Houaiss da Língua Portuguesa*. Rio de Janeiro: Instituto Antonio Houaiss, versão dezembro.

JENKINS, K. (2005). *A história repensada*. São Paulo: Contexto.

JULIÁ, D. (2001). "A cultura escolar como objeto histórico". *Revista Brasileira de História da Educação*, 1 (jan.-jun.), pp. 9-43.

KEMMIS, S. e WILKINSON, M. (2002). "A pesquisa-ação participativa e o estudo da prática". *In*: PEREIRA, J.E.D. e ZEICHNER, K.M. (orgs.). *A pesquisa na formação e no trabalho docente*. Belo Horizonte: Autêntica, pp. 43-67.

KUBRICK, S. (1968). *2001: Uma odisséia no espaço*. Estados Unidos: MGM/Polaris.

LAUTIER, N. (1997). *Enseigner l'histoire au lycée*. Paris: Armand Colin/Masson.

LE GOFF, J. e NORA, P. (orgs.) (1976a). *História: Novos problemas*. Trad. Theo Santiago. Rio de Janeiro: Francisco Alves.

_____ (1976b). *História: Novas abordagens*. Trad. Henrique Mesquita. Rio de Janeiro: Francisco Alves.

_____ (1976c). *História: Novos objetos*. Trad. Terezinha Marinho. Rio de Janeiro: Francisco Alves.

LIBÂNEO, J.C. (2002). "Reflexividade e formação de professores: Outra oscilação do pensamento pedagógico brasileiro?". *In*: PIMENTA, S.G. e GHEDIN, E. (orgs.). *Professor reflexivo no Brasil*. São Paulo: Cortez, pp. 53-80.

LINS, P. (1997). *Cidade de Deus*. São Paulo: Cia. das Letras.

LOPES, A.C. (2002). "Identidades pedagógicas projetadas pela reforma do ensino médio no Brasil". *In*: MACEDO, E.F. de e MOREIRA, A.F.B. (orgs.). *Currículo, práticas pedagógicas e identidades*. Porto: Porto Editora, pp. 93-118.

MACEDO, E.F. de e MOREIRA, A.F.B. (2002). "Currículo, identidade e diferença". *In*: MACEDO, E.F. de e MOREIRA, A.F.B. (orgs.). *Currículo, práticas pedagógicas e identidades*. Porto: Porto Editora, pp. 11-33.

MACEDO, E.F.M. (2006). "Currículo e diferença nos Parâmetros Curriculares Nacionais". *In*: MACEDO, E.F.M.; LOPES, A.R. e ALVES, M.P.C. (orgs.). *Cultura e política de cultura*. Araraquara: Junqueira & Marin.

MACEDO, E.F.M.; LOPES, A.R. e ALVES, M.P.C. (orgs.). *Cultura e política de cultura*. Araraquara: Junqueira & Marin.

MALAPARTE, C. (1966). *Kaput*. Trad. Mario da Silva e Celestino da Silva. Rio de Janeiro: Civilização Brasileira.

MARCZEWSKI, J. e VILAR, P. (1973). *Que es la historia cuantitativa?* Trad. Martha H. Cavillioti. Buenos Aires: Nueva Visión.

MARX, K. (1988). *O capital: Crítica da economia política*. Trad. Régis Barbosa e Flávio Kothe. São Paulo: Nova Cultural.

MATTOSO, K.M. de Q. (1997). "A opulência na província da Bahia". *In*: ALENCASTRO, L.F. de (org.). *Império: A corte e a modernidade nacional*. São Paulo: Cia. das Letras, pp. 143-179. História da Vida Privada no Brasil, vol. 2.

McLAREN, P. (2000). *Multiculturalismo revolucionário*. Porto Alegre: Artmed.

MEIRELES, F. (2003). *Cidade de Deus*. Rio de Janeiro: BR/Miramax.

MELO NETO, J.C. de (1978). "Morte e vida severina (auto de natal pernambucano)". *In: Morte e vida severina e outros poemas em voz alta*. Rio de Janeiro: José Olympio, pp. 73-116.

MESQUITA, I.M. e GUIMARÃES, S. (2006). "Experiências de formação de professores no estado de Minas Gerais". *In: Formação docente: Saberes e práticas pedagógicas*. Uberlândia: Edufu, pp. 67-92.

MICHELET, J. (1988). *O povo*. Trad. G.C.C. Souza. São Paulo: Martins Fontes.

MINISTÉRIO DA EDUCAÇÃO E CULTURA (1998). *PCN-1. Parâmetros Curriculares Nacionais/História*. Terceiro e quarto ciclos do ensino fundamental. Brasília: MEC/SEF.

_____ (2002). *PCN-2. Parâmetros Curriculares Nacionais/Ensino médio*. Brasília: MEC/Semtec.

MOREIRA, A.F.B. e SILVA, T.T. da (2000). "Sociologia e teoria crítica do currículo: Uma introdução". *In*: MOREIRA, A.F.B. e SILVA, T.T. da (orgs.). *Currículo, cultura e sociedade*. São Paulo: Cortez.

MORIN, E. (2002). *Os sete saberes necessários à educação do futuro*. São Paulo: Cortez; Brasília: Unesco.

MOURA, M.C. de (2005). "Saberes da docência e práticas de ensino de história nos anos iniciais do ensino fundamental". Dissertação de mestrado. Universidade Federal de Uberlândia, Faculdade de Educação.

MUTANTES (1971). "2001", de Rita Lee e Tom Zé. *Mutantes II*. Rio de Janeiro: Phillips (faixa 1, lado B, na versão em vinil).

NAKOU, I. (2006). "Museus e educação histórica numa realidade contemporânea em transição". Trad. Elizabeth Moreira dos Santos Schmidt *et al*. *Educar em Revista* (Dossiê Educação Histórica), especial, pp. 261-273.

NÓVOA, A. (org.) (1992). *Vidas de professores*. Porto: Porto Editora.

_____ (1995). *Os professores e a sua formação*. Lisboa: Publicações Dom Quixote.

OLMI, E. (1978). *A árvore dos tamancos*. Itália/França: RAI.

PACHECO, J.A. (2004). *Políticas curriculares: Referências para análise*. Porto Alegre: Artmed.

PACIEVITCH, C. (2007). "Nem sacerdotes, nem guerrilheiros: Professores de história e os processos de consciência histórica na construção das identidades". Dissertação de mestrado. Universidade Estadual de Ponta Grossa, Faculdade de Educação.

PAIM, E.A. (2005). "Memórias e experiências do fazer-se professor". Tese de doutorado. Universidade Estadual de Campinas, Faculdade de Educação.

PATLAGEAN, E. (1990). "A história do imaginário". *In*: LE GOFF, J. (org.). *A história nova*. Trad. Eduardo Brandão. São Paulo: Martins Fontes, pp. 291-318. O Homem e a História.

PEREIRA, J.E.D. (2002). "A pesquisa dos educadores como estratégia para a construção de modelos críticos de formação docente". *In*: PEREIRA, J.E.D e ZEICHNER, K.M. (orgs.). *A pesquisa na formação e no trabalho docente*. Belo Horizonte: Autêntica, pp. 11-43.

PEREIRA, J.E.D. e ZEICHNER, K.M. (orgs.) (2002). *A pesquisa na formação e no trabalho docente*. Belo Horizonte: Autêntica.

PIMENTA, S.G. (1999). *Saberes pedagógicos e atividade docente*. São Paulo: Cortez.

PIMENTA, S.G. e GHEDIN, E. (orgs.) (2002). *Professor reflexivo no Brasil*. São Paulo: Cortez.

PLATÃO (1988). *A república*. Trad. Carlos Alberto Nunes. Belém: UFPA.

POPKEWITZ, T.S. (1987). *Educational reform: Rethoric, ritual and social interest*. Madison: University of Wisconsin/Madison Press.

RASSI, M.A. de O. (2006). "Uma canção inacabada: Formação de professores de história: A experiência da Fepam (1970-2001)". Dissertação de mestrado. Universidade Federal de Uberlândia, Faculdade de Educação.

SACRISTÁN, J.G. (1999). *Poderes instáveis em educação*. Trad. Beatriz Affonso Neves. Porto Alegre: Artes Médicas Sul.

_____ (2000). *O currículo: Uma reflexão sobre a prática*. Trad. Ernani F. da Fonseca Rosa. Porto Alegre: Artmed.

_____ (2002). "Tendências investigativas na formação de professores". *In*: PIMENTA, S.G. e GHEDIN, E. (orgs.). *Professor reflexivo no Brasil: Gênese e crítica de um conceito*. São Paulo: Cortez.

SAMARAN, C. (org.) (1961). *L'histoire et ses méthodes*. Paris: Gallimard. Encyclopédie de la Pléiade, 11.

SAMUEL, R. (1989/1990). "História local e história oral". Trad. Winona Eisenberg. *Revista Brasileira de História* (História em quadro-negro), 19 (set.-fev.), pp. 219-243.

SAMUEL, R. (org.) (1984). *Historia popular y teoría socialista*. Trad. Jordi Beltran. Barcelona: Crítica.

SCHMIDT, M.A. (2003). "A formação do professor de história e o cotidiano da sala de aula". *In*: BITTENCOURT, C. (org.). *O saber histórico na sala de aula*. São Paulo: Contexto, pp. 54-66.

SCOTT, R. (1981). *Blade runner: O caçador de androides*. São Paulo: Warner.

SHÖN, D.A. (1995). "Formar professores como profissionais reflexivos". *In*: NÓVOA, A. (org.). *Os professores e a sua formação*. Lisboa: Publicações Dom Quixote, pp. 77-92.

_____ (2000). *Educando o profissional reflexivo: Um novo* design *para o ensino e a aprendizagem*. Porto Alegre: Artmed.

SILVA, M. (2000). "Rir das ditaduras. Os dentes de Henfil". Tese de livre-docência em Metodologia da História, Faculdade de Filosofia, Letras e Ciências Humanas da Universidade de São Paulo.

SILVA, M.A. da (2003). *História: O prazer em ensino e pesquisa*. São Paulo: Brasiliense.

SILVA, T.T. da (1999). *O currículo como fetiche: A poética e a política do texto curricular*. Belo Horizonte: Autêntica.

SILVA, T.T. da (org.) (2000). *Identidade e diferença*. Petrópolis: Vozes.

SILVA JÚNIOR, A.F. da (2007). "Saberes e práticas de ensino de história em escolas rurais (um estudo no município de Araguari-MG)". Dissertação de mestrado. Universidade Federal de Uberlândia, Faculdade de Educação.

SOUZA SANTOS, B. de (1997). *Um discurso sobre as ciências*. Porto: Apontamento.

_____ (2002). *Para um novo senso comum: A ciência, o direito e a política na transição paradigmática*. São Paulo: Cortez.

STENHOUSE, L. (1987). *La investigación como base de la enseñanza*. Madri: Morata.

TARDIF, M. (2002). *Saberes docentes e formação profissional*. Petrópolis: Vozes.

TARDIF, M. e LESSARD, C. (2005). *O trabalho docente*. Petrópolis: Vozes.

TEDESCO, J.C. (1999). "Perspectiva internacional sobre los docentes: Visión internacional". *In*: ÁVALOS, B. e NORDENFLYCHT, M.E. *La formación de profesores: Perspectivas y experiencias*. Santiago: Santillana, pp. 14-40.

THEOBALD, E. R. (2007). "A experiencia dos profesores com idéias históricas: O caso do 'Grupo Araucária'". Dissertação de mestrado. Universidade Federal do Paraná, Faculdade de Educação.

THOMPSON, E. (1987). *Formação da classe operária inglesa*. Trad. Denise Bottmann, Renato Busatto Neto e Cláudio Rocha de Almeida. Rio de Janeiro: Paz e Terra. Oficinas da História.

TRUFFAUT, F. (1966). *Fahrenheit 451*. França/Inglaterra: Universal.

VASCONCELOS, G.A.N. (org.) (2000). *Como me fiz professora*. Rio de Janeiro: DP&A.

VECHIA, A. e LORENZ, K.M. (orgs.) (1998). *Programa de ensino da escola secundária brasileira 1850-1951*. Curitiba: Ed. do Autor.

VEIGA-NETO, A. (1999). "Currículo e história: Uma conexão radical". *In*: COSTA, M.V. (org.). *O currículo nos limiares do contemporâneo*. Rio de Janeiro: DP&A, pp. 93-104.

VESENTINI, C.A. (1984). "Escola e livro didático de história". *In*: SILVA, M. (org.). *Repensando a história*. Rio de Janeiro: Marco Zero/Anpuh-SP, pp. 69-80.

VEYNE, P. (1987). *Como se escreve a história*. Trad. Antonio José da Silva Moreira. Lisboa: Edições 70.

VILLA, G. (1998). "O professor em face das mudanças culturais e sociais". *In*: VEIGA, I.P.A. (org.). *Caminhos da profissionalização do magistério*. Campinas: Papirus, pp. 27-48.

WERNECK SODRÉ, N. (1986). *História da história nova*. Petrópolis: Vozes.

WERNECK SODRÉ, N. et al. (1993). *História nova do Brasil (1963-1993)*. São Paulo: Loyola/Giordano.

WILLEMART, P. (2005). *Crítica genética e psicanálise*. São Paulo: Perspectiva.

ZEICHNER, K.M. (1995). "Novos caminhos para o practicum: Uma perspectiva para os anos 90". *In*: NÓVOA, A. (org.). *Os professores e a sua formação*. Lisboa: Publicações Dom Quixote, pp. 115-138.

_____ (1993). *A formação reflexiva de professores: Idéias e práticas*. Lisboa: Educa.

BIBLIOGRAFIA DE APOIO

1) ARAÚJO, J.C. (org.) (2007). *Internet & ensino: Novos gêneros, outros desafios*. Rio de Janeiro: Lucerna.

   Apresenta tópicos básicos do trabalho educativo com apoio na internet. Junto com gêneros digitais (*chats*, *homepage*s etc.), salienta o papel do professor nesse universo de atividades. Trata-se de livro coletivo e introdutório, que ajuda a avaliar as possibilidades pedagógicas desses recursos, com ênfase no campo das línguas, sem perder de vista a presença do docente no processo.

2) ARIAS NETO, J.M. (org.) (2005). *Dez anos de pesquisas em ensino de história*. Londrina: Atrito/Art/Finep.

   Reúne textos apresentados no VI Encontro Nacional de Pesquisadores do Ensino de História – VI Enpeh, realizado na Universidade Estadual de Londrina. Alguns exemplos: "Dez anos de pesquisadores de ensino de história: Um balanço"; "Formação de professores"; "Epistemologia e metodologia: Diálogos interdisciplinares na pesquisa do ensino de história" e "Políticas públicas e ensino de história".

3) CARDOSO, C.F. e VAINFAS, R. (orgs.) (1997). *Domínios da história*. Rio de Janeiro: Campus.

Apresenta campos clássicos (economia, sociedade, poder e ideias) e recentes (mentalidades, vida privada) do conhecimento histórico; explora temas (histórias agrária, urbana, das paisagens, da família, das mulheres, das religiões, da sexualidade e da etnia), linguagens (cinema, fotografia) e "novos instrumentos metodológicos" (informática). Opõe o paradigma "iluminista" ao "pós-moderno" desse universo, mas se beneficia do diálogo entre tais estilos.

4) DE ROSSI, V.L.S. e ZAMBONI, E. (orgs.) (2003). *Quanto tempo o tempo tem!* Campinas: Alínea.

Agrupa escritos inéditos de vários pesquisadores sobre a diversidade do tempo e suas relações com a memória, a história e o ensino de história. Apresenta resultados de debates realizados no grupo de pesquisa "Memória, história e educação", da Faculdade de Educação da Unicamp – Gepememo. Trata-se de uma produção multidisciplinar, que amplia o olhar sobre a pluralidade de abordagens do tempo histórico.

5) FENELON, D.R. *et al.* (2004). *Muitas memórias, outras histórias*. São Paulo: Olho d'Água.

Debate a pluralidade de histórias e memórias, estudando campos de história oral, história popular e história do trabalho, com desdobramentos em história da técnica e história e festa, dentre outros temas e problemáticas. Evidencia a multiplicidade social de saberes sobre a experiência humana (a erudição acadêmica e a erudição dos que participaram de diferentes práticas sociais), que se iluminam reciprocamente.

6) GUIMARÃES, S. (2003). *Didática e prática de ensino de história*. Campinas: Papirus.

Reflete sobre a historicidade do ensino de história no Brasil na passagem do século XX para o século XXI, incluindo legislação, práticas cotidianas, cidadania, interdisciplinaridade e novos horizontes teóricos e técnicos (história local, fontes e linguagens etc.). Realça o diálogo entre prática didática e formação do professor, enfatizando a dimensão permanente desse processo.

7) NOVAIS, F.A. (org.) (1997/1998). *História da vida privada no Brasil*. São Paulo: Cia. das Letras, 4 volumes.

O primeiro volume (*Cotidiano e vida privada na América portuguesa*, coordenado por Laura de Mello e Souza) critica a noção de "Brasil colonial", na medida em que não havia uma unidade nacional naquele período. Os demais (coordenados, respectivamente, por Luiz Felipe de Alencastro, Nicolau Sevcenko e Lilia Schwarcz) preservam concepções clássicas de império e república. Todos exploram campos temáticos, problemáticas e documentos diversificados.

8) *Projeto História* (ética e história oral). São Paulo: Pós-graduação em história da PUC/SP, 15, abril de 1997.

Analisa indivíduo, coletividade, igualdade, diferença e memórias. Inclui fala de Eduardo Coutinho (diretor de *Cabra marcado para morrer*). Os textos são seguidos de debates entre autores e público. Contém, ainda, depoimentos dos historiadores Alessandro Portelli, Alistair Thomson e Lutz Niethammer, autores de artigos ali editados. Várias edições temáticas da revista são de interesse (números 17, "Trabalhos da Memória", e 22, "Oralidades", por exemplo).

9) *Revista Brasileira de História* (Produção e divulgação de saberes históricos e pedagógicos). São Paulo: Anpuh/Fapesp, n. 24, vol. 48, jul./dez. de 2004.

Dedica-se a questões teóricas gerais de história, carecendo de mais reflexões sobre o espaço e a cultura escolares. Comenta materiais didáticos. Analisa a presença da história no Enem e nos PCNs. Aborda uma experiência de formação continuada de professores de história. Várias edições temáticas da revista são de interesse (números 19, "História em quadro-negro", e 36, "Ensino de história: Novos problemas", por exemplo).

10) SILVA, M. (2003). *História: O prazer em ensino e pesquisa*. 2ª ed. São Paulo: Brasiliense.

Discute o conhecimento histórico, em ensino e pesquisa, ao redor de três questões: história imediata, patrimônio histórico e memória. Destaca o processo de ensino e aprendizagem como momento de reflexão para pesquisadores, professores e alunos. Identifica o caráter pedagógico do processo de pesquisa – todo historiador aprende e ensina. Articula a identidade social do conhecimento histórico a problemáticas eruditas de sua produção.

11) *Tempo* (Ensino de História). Rio de Janeiro: Departamento de História da UFF, n. 11, vol. 21, jul./dez. 2006.

Aponta a tendência à superação de preconceitos contra o ensino, que vigoraram intensamente entre os pesquisadores acadêmicos de história. Aborda questões como formação de professores, história da África, cultura material, história imediata e mudanças curriculares, dentre outras. Várias edições temáticas da revista são de interesse (números 2, "Teoria e Metodologia", e 16, "História do Tempo Presente", por exemplo).